Eugene C. Bianchi · Mit den Jahren gehen

Eugene C. Bianchi

Mit den Jahren gehen

Ein Wegbegleiter für ein schöpferisches Älterwerden

Kösel

Übersetzung aus dem Amerikanischen: Jürgen Saupe, Dießen.
Die Originalausgabe erschien unter dem Titel »On Growing Older. A Personal Guide to Life After 35« bei The Crossroad Publishing Company, New York.

ISBN 3-466-34248-1

Published by arrangement with The Crossroad Publishing Company.

Druck und Bindung: Kösel, Kempten.
Umschlag: Elisabeth Petersen, Glonn.
Umschlagfoto: Elisabeth Petersen, Glonn.
Abbildungen im Text: Lee Lawson.

1 2 3 4 5 6 · 95 94 93 92 91 90

Inhalt

Einführung

Dieses Buch möchte mit seinen Gedanken dazu beitragen, daß wir unser Altern mehr aus der Tiefe heraus erfahren können. Das Schlüsselwort heißt »erfahren«. Jede Meditation regt zum Nachdenken an, doch sollen die Gedankengänge hier vor allem einen Zusammenhang herstellen, der es uns ermöglicht, in der Meditation unsere persönliche Einstellung zum Altern und die damit verbundenen Gefühle zu erleben.

Kürzlich erzählte mir ein Freund mittleren Alters von einem Erlebnis mit seinem zwölfjährigen Sohn, das ihn tief bewegte. Mein Freund hatte seinen Vater, der schon über Achtzig war, für die letzten Jahre bei sich zu Hause aufgenommen. Eine Gemeinschaft geliebter Menschen kümmerte sich um das körperliche und geistige Wohlergehen des alten Mannes, heutzutage schon eine Seltenheit. Die Kinder lernten verschiedene Seiten der letzten Lebensjahre des Großvaters kennen. Beim Begräbnis wandte sich der Junge an seinen Vater und sagte: »Jetzt weiß ich, was ich machen werde. Wenn du alt bist, Vati, werde ich für dich sorgen, und wenn du stirbst, werde ich dich begraben.« Weder Vater noch Sohn werden die einschneidende und schwierige Erfahrung vergessen, die mit dem letzten Jahr des Großvaters,

seinem Tod und jenen einfachen, direkten Worten am Grab verbunden war.
Meditationen über das Altern können das tiefe Erlebnis jener Familie nicht ersetzen, die Tag und Nacht mit dem sterbenden alten Menschen zusammen war. Die Meditationen wollen uns aber indirekt zu einer inneren Erfahrung führen, die uns in unserer Ganzheit ergreift. Wenn wir uns ein paar Minuten auf die Übungen einlassen, die unsere Vorstellung in bestimmte Bereiche führen, werden wir zu Schauspielern auf der Bühne unserer Phantasie. Wir erkennen Gefühle, die wir unterdrückt haben, über die wir hinweggegangen sind. In der Meditation können wir problematische Ereignisse vorwegnehmen und unsere Reaktionen durchspielen. Dabei kann uns eine neue Einsicht wie ein unerwartetes Geschenk zufallen. Heute wirkt dem schöpferischen Altern und würdevollen Sterben so vieles entgegen, daß wir uns für dieses Schauspiel der Seele die nötige Zeit gönnen sollten.
Die hier gebotene Möglichkeit, über das Altern nachzudenken, will helfen, unsere Aufmerksamkeit auf Worte und Bilder zu richten, die für uns eine besondere Bedeutung haben. Im Verlauf einer solchen Betrachtung sammelt sich unser Bewußtsein und kreist wichtige persönliche Fragen ein, die mit dem Altern zusammenhängen. Wenn wir diesen inneren Vorgang wiederholen, entdekken wir allmählich unsere tieferen Kraftquellen. In der Meditation öffnen wir die Pforte unserer Seele von innen und schaffen Raum für einen dynamischeren Austausch zwischen der Welt und unserem Selbst.
Fast jeder von uns verbringt seine Tage und Jahre so, als hätte er den Autopiloten eingeschaltet. Wir haben bestimmte Verhaltensabläufe gelernt, die uns das Leben zuhause oder am Arbeitsplatz erleichtern. Die Meditation hingegen läßt den hektischen Kopf zur Ruhe kommen. Das Bewußtsein kann sich die Probleme vornehmen, denen wir uns in der Lebensmitte und im Alter gegenübersehen. In dieser Betrachtung können wir bei den Fragen und Problemen verweilen, statt sie unter den Teppich zu kehren und im Alter erleben zu müssen, daß sie nur zugenommen haben. Wir lernen, diese Probleme so intensiv wie möglich zu fühlen, durch

sie hindurchzugehen, hin zu einem vorurteilsfreieren Leben in der Welt. Wenn Herz und Verstand innehalten, hinschauen und hinhören, wandelt sich schrittweise das Bewußtsein. Allmählich sehen wir viele Dinge so, wie sie wirklich sind, nicht mehr hinter dem Schleier, den wir ihnen übergelegt haben. Ob es um Loslassen, Einsamkeit, Liebe oder Hoffnung geht, das Meditieren kann unsere starre Ich-Abwehr aufbrechen, unseren Blick für die Dinge schärfen und uns durchlässiger für die Wirklichkeit und Verheißung unserer persönlichen Geschichte machen. Die Einsichten echter Meditation geben uns vielleicht nicht sofort Frieden, unsere Ängste und Sorgen können eine Zeitlang sogar eher zunehmen. Aber wenn wir uns dieser Unruhe in der Meditation stellen, schaffen wir den Durchbruch in tiefere Bereiche unserer Seele, wo die Probleme zu ertragen und auch umzuwandeln sind. Auf diese Weise ermöglicht die Meditation persönliches wie transpersonales Wachstum. Dabei wird nicht nur unser inneres Gleichgewicht wiederhergestellt, sondern wir sind auch leichter in der Lage, unsere Energie nach außen anders einzusetzen.
Die Lebensmitte ist eine besonders günstige Zeit, um das Paradoxe der Meditation schätzen zu lernen: die Pflege der Innerlichkeit gibt uns die Freiheit, mit anderen Menschen schöpferische Verbindung aufzunehmen. Inneres Tieferwerden und äußeres Wachstum sind kein Widerspruch, sondern ergänzen sich. Die Meditation zeigt uns, wie wir als Einzelwesen die Welt altruistischer annehmen können. Wir verstehen allmählich, wie uns die Erfahrung des Alterns im Leiden, Lieben, Arbeiten und in der Suche nach tieferem Sinn mit anderen verbindet. Diese Meditationen verfolgen daher ethische Ziele, in Richtung auf eine friedvollere, gerechtere und fürsorglichere Welt hin. Diese moralische Dimension wird den kontemplativen Menschen nicht einfach nur übergestülpt. Ethische Sensibilität und Mitgefühl steigen vielmehr aus jenen tieferen Bereichen der Seele auf, in denen wir unser gemeinsames Menschsein, unsere gegenseitige Verantwortung entdekken. Im Ideal des friedenstiftenden alten Menschen wird das uralte Thema des Kontemplativen im Tun sichtbar. Der entscheidende, »äußere« Aspekt der Meditation hat zugleich auf seltsame

Weise mit dem inneren zu tun, weil er uns der göttlichen Quelle des Seins in uns selbst näherbringt. Wir lernen, auf die Stimmen im Innern zu lauschen, und nehmen so den Schmerz und den Frieden wahr, der in der Teilhabe am Mysterium liegt, das uns alle umgibt. Diese transpersonale Erfahrung im Inneren und Äußeren öffnet uns für ein Verstehen des Herzens, für eine neue Möglichkeit, als alternde Menschen in der Welt religiös zu leben.
Diese besonderen Ziele der Meditation lassen sich verwirklichen, wenn gewisse Hinweise beachtet werden. Es gibt nicht die eine, endgültige Technik, die uns allein die tieferen Erfahrungen der Meditation erschließt. Im Osten wie im Westen verweisen Meister der Kontemplation auf hilfreiche Regeln, die wir den jeweiligen Umständen anpassen können. Wir sehen uns hier einige Richtlinien an, die auf alle vierundzwanzig Übungen in diesem Buch angewendet werden können. Diese Hinweise für die Meditation beziehen sich vor allem auf den zweiten Teil jedes Kapitels. Der erste versucht, den Geist auf ein Thema einzustimmen. Die eigentliche Aufgabe, die Betrachtung und persönliche Verarbeitung der Themen geschieht in den Abschnitten am Ende jedes Kapitels, in denen wir die geführte Imagination einsetzen.

Hilfreiche Hinweise für die Meditation

1. *Stille und Alleinsein*: Wir können natürlich fast überall meditieren. Im allgemeinen ist es vor allem am Anfang leichter, wenn wir uns einen ruhigen Platz suchen, an dem wir ungestört sind. Eine kleinere Gruppe von Menschen kann auch gemeinsam schweigend meditieren und danach über die Einsichten und Bilder sprechen. In der Stille können wir uns auf die inneren Stimmen und Gefühle einlassen. Sie löst uns aus den gewohnten Ablenkungen, mit denen wir unser inneres Ich auf Abstand halten.
2. *Ort und Zeit:* Ihre Wahl hängt von persönlichen Vorlieben und praktischen Erwägungen ab. Für manche ist der frühe Morgen am besten; einige entscheiden sich je nach ihren Pflichten und

ihrem Temperament für andere Tageszeiten. Meditieren ist immer gut, aber wir sollten uns wenigstens zehn bis zwanzig Minuten Zeit für die Bilder und Szenen lassen, damit sie sich uns eindringlicher zeigen. Wir suchen einen angenehmen Platz, reservieren uns eine Zeit für die Meditation. Wichtig ist, daß wir uns eine ganz bestimmte Umgebung für die Meditation schaffen. Dieser Platz wird zu einem geweihten Ort, fern von Schreib- und sonstigen Tischen, an denen so viele andere Dinge geschehen. Ein derartiger Platz wird uns leichter in die meditative Stimmung versetzen. Noch einmal sei betont, daß sich viele Orte für die Meditation eignen, doch der besondere Platz wird dann eben die Pforte, durch die wir uns auf die Reise nach innen begeben. Wir können uns auch einen inneren Raum für die Meditation schaffen und entwickeln. Mit Hilfe der geführten Imagination können wir uns auf eine Lichtung im Wald, einen Berg, ans Meer versetzen. In unserer Vorstellung können die unterschiedlichsten Gäste diesen Raum besuchen.

3. *Haltung*: Am besten nehmen wir eine bequeme, auf die Mitte ausgerichtete Körperstellung ein, die dazu beiträgt, daß wir so wenig wie möglich abgelenkt werden. Vielleicht finden wir eine abgewandelte Form des Lotossitzes geeignet: diese Stellung scheint den Körper so auf die Mitte auszurichten, daß die geistige Sammlung unterstützt wird. Es genügt aber, wenn wir uns bequem hinsetzen. Dabei ist es jedoch ratsam, daß beide Füße den Boden berühren, daß wir fest und aufrecht sitzen, ohne den Rücken anzulehnen. Die Hände können ruhig auf den Oberschenkeln liegen, die Handflächen in einer Geste des Empfangens nach oben. Wir können uns gewöhnlich leichter nach innen wenden, wenn wir die Augen schließen. Manchen fällt ein ruhiges Stehen leichter. Mit einer gewissen Erfahrung lernen wir, die Meditationstechniken auch beim unangestrengten Gehen einzusetzen. In der Hauptsache geht es darum, Haltungen zu wählen, die den Weg nach innen erleichtern und nicht stören.

4. *Atem*: Hier können wir eine Menge von den östlichen Techniken und Zielsetzungen lernen. Jede der folgenden Meditationen beginnt mit einer Reihe kurzer Atemübungen. Für unsere Zwecke

genügt es, langsam tief einzuatmen, den Atem ein paar Sekunden zu halten und langsam wieder auszuatmen. Wenn wir das zwölfmal tun, spüren wir, wie beruhigend das wirkt. Außerdem scheint dieses Atmen dazu beizutragen, den Geist für eine Weile vom Geplapper der Gedanken zu befreien. Das tiefe Atmen verschafft uns zudem mehr Sauerstoff und kann uns wacher werden lassen. Wenn wir mit dem Atmen beginnen, richten wir unsere Aufmerksamkeit auf den Vorgang selbst, auf das Ein- und Ausströmen der Luft. Diese Sammlung schützt uns vor Ablenkungen und fördert unser Gefühl für die Rhythmen des Körpers und ihren Einklang mit unserer Umgebung. Noch einmal: wenn wir unsere Aufmerksamkeit auf den Atem richten, hilft uns dies dabei, unsere Mitte zu finden. Die geführte Imagination läßt sich in vielerlei Hinsicht mit dem elementaren Atmen verknüpfen. Natürlich können wir zu jedem Zeitpunkt der Meditation abgelenkt werden. Das sollte uns nicht entmutigen. Wir müssen den Geist einfach so nehmen, wie er ist, ständig im Fluß, und ihn sanft zum Thema der Meditation zurücklenken. Bewußtes Atmen unterstützt uns dabei, unsere Aufmerksamkeit auf ein Wort, einen Begriff, einen Gegenstand, ein Bild, einen Klang oder auch eine Tätigkeit des Körpers gerichtet zu halten.

5. *Texte und Protokolle*: Dieses Buch kann auf verschiedene Weisen benutzt werden. Manche werden es einfach nur durchlesen und auf Gedanken stoßen, die ihnen etwas sagen. Andere werden auf eine absichtsvollere, meditativere Weise die Themen erkunden wollen, die ihnen in einem bestimmten Lebensabschnitt wichtig sind. Wieder andere entschließen sich vielleicht, ihre Anlage zur Meditation zu entwickeln, während sie sich gleichzeitig aufmerksam mit den Themen befassen, die in der Lebensmitte und im Alter wichtig sind. Das Buch kann auch einen Anstoß geben, daß sich kleine Selbsthilfegruppen bilden, die den Wunsch haben, nach der Meditation über die Themen zu sprechen. Außerdem kann es für Menschen nützlich sein, die sich für eine Weile zurückgezogen haben, um sich konzentriert mit den Fragen des Reifens zu beschäftigen. Für viele kann es sich als gut erweisen, nach den Meditationen eine Art schriftliches Protokoll anzufertigen.

Dieses Protokoll ist mehr als ein gewöhnliches Tagebuch; es beinhaltet keine Lebenserinnerungen, sondern hält das tiefe Nachdenken über Gefühle und Gedanken fest, die ihren Ursprung in problematischen, widersprüchlichen Lebensbereichen haben. Die Meditation und das Schreiben dieses sehr persönlichen, reflektierenden Tagebuches, das für Menschen ab der Lebensmitte besonders bedeutsam ist, verstärken sich wechselseitig.

6. *Mantra*: Ein Mantra ist ein kurzer Spruch, eine Zusammenstellung von Worten, die eine bestimmte Energie schaffen und eine besondere Wirkung hervorrufen. Bei den Indianern gingen die jungen Menschen auf Visionssuche, um ihr eigenes Lied zu finden. Östliche Sucher, die den tieferen Sinn des Lebens entdecken, tiefere Erfahrungen machen wollten, schufen oder empfingen spezielle Mantras, die einer Reihe von Zielen dienten und zur Einheit führen sollten. In der westlichen Spiritualität finden sich ebenfalls überlieferte Zusammenstellungen von Worten, die sich mit Mantras vergleichen lassen. Zu den Mantras der verschiedenen Traditionen gehören zum Beispiel das buddhistische *Om mani padme hum*, »Juwel im Lotos des Herzens«, das jüdische *Barukh attah Adonai*, »Gelobt seist Du, o Herr«, oder das »Herr Jesus Christus« der Christenheit im Osten. Doch eignen sich auch eine Reihe passender zeitgenössischer Sprüche oder Worte, wie zum Beispiel »Friede und Einheit«, »Herzensgüte«, »Einssein achtet Unterschiede«. Die Wiederholung des Mantras im Verlauf der Meditation wirkt wie ein Lied der betreffenden Person, das Einheit und Weite schafft. Wenn wir in der Stille und ohne Laut die Mantras wiederholen, die unsere innere Bestimmung und die tieferen Schichten der Persönlichkeit zusammenfassen, rufen wir Energien an, die uns heilen und erleuchten können. Wir verwenden überlieferte Worte oder finden selbst welche, die unserer spirituellen Ausrichtung auf die Menschheit entsprechen. In kritischen Situationen kann uns die Wiederholung eines Mantras Frieden bringen und die geistigen Perspektiven erweitern. Manche Menschen beherrschen auch Techniken der Selbsthypnose, die zur Vertiefung der Aufmerksamkeit in der Meditation eingesetzt werden können.

7. *Die Zeichnungen*: Lee Lawsons anregende Strichzeichnungen sollen nicht nur das Buch schöner machen, sondern auch eine Art zeitgenössischer Mandalas sein. Die Mandalas, die wir in vielen Kulturen in Skulptur, Architektur und Malerei finden, bilden eine dynamische Einheit der Gegensätze ab. Sie halfen meditierenden Menschen, die grundverschiedene Aspekte des Lebens zusammenfassen wollten, sich auf die Vielschichtigkeit in der Einheit zu konzentrieren. Lee Lawsons meditative Haltung spricht in den Zeichnungen für sich selbst, da sie uns an vielfältige Symbole heranführt, die zum Nachdenken über den Prozeß des Alterns einladen.

Ich möchte einer Reihe von Menschen danken, die mir beim Verfassen dieses Buches beistanden. Die Freundin und Künstlerin Lee Lawson stellte die Zeichnungen aus ihrer prächtigen Sammlung von Bildern und anderen Kunstgegenständen zur Verfügung. Ali Crown brachte den Computer dazu, sich verschiedene Fassungen des Manuskripts zu merken und sie wieder herauszugeben. Henry Carrigan, Susie Sherrill und meine Frau Victoria redigierten die Arbeit und machten viele Verbesserungsvorschläge. Connie Brillhart räumte einige Hürden auf dem Weg zur Veröffentlichung beiseite. Ihnen allen und auch den anderen aus der Gemeinschaft der Emory University möchte ich meinen Dank aussprechen.
In einem tieferen Sinn der Dankbarkeit ist dieses Buch all jenen alten Menschen gewidmet, die uns mit Rat und Tat halfen, das Leben anzunehmen und andere daran teilhaben zu lassen. Einige dieser älteren Menschen haben für uns ein Gesicht und eine Stimme, andere sind uns nicht so nahe, haben uns aber doch etwas zu sagen. All diesen Lehrern, die uns zeigen, was schöpferisches Altern sein kann, möchten wir danken.

1 Gegen die Diskriminierung älterer Menschen

Das Altern ist ein Problem, das kaum Aufsehen erregt. Als Kinder sehen wir ältere Menschen: Großeltern auf Stöcke gestützt, oder eine alte Tante, die arthritische, geschwollene Gelenke hat. Die Eltern haben uns vielleicht gesagt, daß unser Hund schon sehr alt ist. Wir nehmen dieses Wissen in uns auf, ohne es auf uns selbst zu beziehen. Außerdem geht das Altern ja so langsam vor sich, für Kinder scheinen Eltern und andere ältere Menschen in ihrem jeweiligen Alter zu verharren. Doch nach und nach wird uns ganz nebenbei auch beigebracht, das Alter negativ zu sehen. Für das Alter stehen Falten, langsamer werden, Erinnerungen nachhängen, Krankheit und Tod. Das Gegenbild sind Gesundheit, Vitalität und Schönheit.

Diese Sicht des Alterns ist nicht neu. Kinder haben immer bemerkt, daß mit dem Alter ein Abbau verbunden ist. Nur wird das Altern heute anders eingeordnet. Wir leben in einer hochtechnisierten Umwelt, die Jugend und Beweglichkeit honoriert. Wir sind ganz auf Schnelligkeit und Produktivität eingestellt: wir wollen Waren und Dienstleistungen so rasch wie möglich in großem Umfang produzieren, um so viel Gewinn wie möglich zu erzielen. Die Gesellschaft belohnt diese Haltung und bringt sie mit einer gewissen Jugendlichkeit in Verbindung. Die Alten (und oft genug auch die Menschen im mittleren Alter) scheinen nur noch den Werten im Weg zu stehen, die unsere Kultur am höchsten einschätzt. Solange alte Dinge in die Ordnungswelt der Technik passen, besitzen sie einen bestimmten Wert. So stehen zum Beispiel alte Möbel als Antiquität hoch im Kurs: sie sind selten und werden wegen ihrer Schönheit und ihrer Funktionstüchtigkeit geschätzt. Ähnlich ist es bei Oldtimern. Wenn wir uns lebenden Dingen nähern, ändert sich die Einschätzung. In einem geschützten Park wird ein alter Baum wahrscheinlich bewundert. Fallen jedoch die Augen der Immobilienhändler auf ihn, kann sein Schicksal schnell besiegelt sein. Schließlich wird das Urteil über Leben oder Tod vom Nutzen und Profit bestimmt.

So sieht das Umfeld der heutigen Diskriminierung des Alters aus, die einfach darauf beruht, daß die Alten eben nicht mehr jung sind. Diese Diskriminierung hat wie das Alter selbst eine lange Geschichte. In literarischen und historischen Quellen schlagen sich Einstellungen nieder, die die alten Menschen tadeln, weil sie angeblich moralische, geistige und körperliche Schwächen aufweisen. Die Diskriminierung des Alters ist keine Erfindung des zwanzigsten Jahrhunderts, aber im Zeitalter der Technik haben wir die vernichtenden Klischees auf die Spitze getrieben. Menschen haben sich immer vor dem Tod gefürchtet, der uns besonders in der Maske der Alten gegenübertritt. In den herabsetzenden Witzen über das Alter wird ein Abwehrmechanismus sichtbar, der uns vor der Angst schützen soll, die uns der eigene Lebensabend und Tod machen. Dich wird es treffen, und dich auch, bloß mich nicht. Diese vergebliche Illusion steht hinter der Feindseligkeit gegenüber dem Alter, die schließlich die eigene Zukunft zerstört. Das Zeitalter der Technik hat aus dieser abwegigen Furcht vor dem Alter einen allgemeingültigen Glaubenssatz gemacht.

Diskriminierende Klischees dringen ständig fast unbemerkt in unser Denken, unser Unbewußtes ein. Die Medien stellen das Alter oft als eine Zeit der moralischen, geistigen und körperlichen Hinfälligkeit dar. Uns wird eingeredet, die Alten seien zu schwach, um noch moralisch einwandfreie Entscheidungen treffen zu können.

In den letzten Jahren ist so viel über die Alzheimer- Krankheit gesagt worden, daß eine Vorstellung vom Altern als umfassendem geistigen Zusammenbruch erzeugt wurde. Die pharmazeutische Industrie kann ihren Umsatz steigern, wenn sie die Alten als die Hauptabnehmer von Stärkungs- und Arzneimitteln vorführt. So entsteht leicht das Bild, Altsein bedeute Schwäche, Krankheit, Unbeweglichkeit, Abhängigkeit und Geschlechtslosigkeit.
Der traurigste Aspekt der diskriminierenden Klischees besteht darin, daß sie als sich selbst erfüllende Prophezeiungen Wirklichkeit werden, weil wir sie allmählich in unser Denken eingelassen haben. Wir passen unser Leben diesen zerstörerischen Vorstellungen vom Altern an, die typisch für unsere Kultur sind. Wir setzen unsere Vorstellungen in die Tat um. Die Menschen in der Lebensmitte und die Alten sind die Opfer dieses Prozesses. Männer zwischen vierzig und fünfzig überkompensieren ihre Angst vor dem Altwerden, indem sie sich auf einen körperlichen und beruflichen Wettkampf mit jüngeren Männern einlassen, und zwar zu deren Bedingungen. Frauen im mittleren Alter fallen auf jede neue Diät und kosmetische Verjüngungskur herein. Die Alten schleichen demütig an den Rand des Lebens und reden sich selbst noch ein, den Jungen gehöre die Welt. Dieses Denkmuster unserer Gesellschaft setzt Erfahrenheit, Lebenspraxis und Altersweisheit zum Schaden aller als wertlos herab.
Wie können wir die Fesseln der altersfeindlichen Klischees in unserem Leben abstreifen? Zuerst müssen wir uns der Tatsache unserer begrenzten Lebensspanne stellen und unseren Frieden mit ihr machen. Das läßt sich nicht mit einer Meditation, in einem Jahr des Nachdenkens erreichen. Hier geht es um die lebenslange Entfaltung der eigenen Spiritualität, wobei wir Geschöpfe der Natur sind, die über ein großartiges Potential verfügen. Altersfeindliche Klischees sind letztlich auf die gemeinsame Grundlage einer angstvollen Leugnung des persönlichen Zerfalls und Todes zurückzuführen. Wir reißen unsere Witze über das, was wir fürchten, als ob wir es so von uns fernhalten könnten.
Bei der Überwindung der Klischees müssen wir schrittweise vorge hen. Die friedvolle Bejahung der eigenen Sterblichkeit stellt

eine fortgeschrittene Stufe in der seelisch-geistigen Entwicklung dar. Zunächst müssen wir uns Klarheit über unsere Klischees verschaffen, die mit dem Älterwerden verbunden sind.

Beginnen Sie Ihre Meditation, indem Sie ein paar Minuten tief atmen, um Ihre Mitte zu finden und sich zu entspannen. Schließen Sie die Augen, setzen Sie sich bequem und aufrecht hin. Richten Sie Ihre Aufmerksamkeit auf das Atmen. Sie nehmen lebenserhaltende Luft in sich auf und lockern mit jedem lösenden Ausatmen Verspannungen. Stellen Sie sich als alter Mann, als alte Frau vor. Versuchen Sie sich vorzustellen, wie Sie mit fünfundsechzig oder fünfundsiebzig aussehen. Vielleicht hilft es Ihnen, wenn Sie sich ein Familienalbum ansehen. Sie werden vermutlich den Eltern oder anderen Verwandten ähneln. Überlegen Sie, wie die jüngeren Menschen Sie in einer altersfeindlichen Welt wahrnehmen werden. Sie werden Sie auf der körperlichen Ebene für kränklich und schwach halten und meinen, daß Sie Schutz und besondere Pflege brauchen. Gehen Sie gegen diese Gedanken an, indem Sie sich bildlich vorstellen, daß Sie vital, stark und für sich selbst verantwortlich sind. Beobachten Sie einige Zeit, wie sich Ihr älteres Ich bewegt. Sind Sie gebeugt oder aufrecht? Stellen Sie sich bildlich vor, wie Sie Menschen aller Altersstufen treffen und auf sie eingehen. Malen Sie sich aus, wie Sie flott gehen und mit etwas Angenehmem beschäftigt sind. Sie weisen die Klischees über Alter und Zerfallserscheinungen von sich, lassen sie wie Wasser von einem Felsen abfließen. Ihr Verhalten hat nichts Übertriebenes, zeigt aber deutlich, daß die altersfeindlichen Vorstellungen auf der körperlichen Ebene nicht stimmen.
Wie steht es mit Ihren geistigen Fähigkeiten? Überlegen Sie, auf welchen Lebensgebieten Sie noch mehr lernen möchten. Malen Sie sich aus, wie Sie das Studium dieser Gebiete beginnen. Vielleicht sehen Sie sich in einer schulischen Umgebung, oder Sie

bilden sich privat weiter. Durch Lesen, Nachdenken und Diskutieren können Sie sich Ihr Erinnerungsvermögen erhalten. Außerdem können Sie das Wissen und die Erfahrung eines ganzen Lebens mit in das Studium einbringen. Nehmen Sie an, Sie verfügen über die geistige Neugier der älteren Margaret Mead, eines Alfred Whitehead oder Thomas Edison. Stellen sie sich vor, daß Sie als älterer Mensch ein Vorbild für verständnisvolles und kritisches Denken sind und von jungen Menschen geschätzt und bestärkt werden. Sie werden zeigen, daß die Klischees des geistigen Verfalls weder für Sie noch für die anderen gültig sind.
Wählen Sie sich auf dem Gebiet, das Sie am besten überblicken, ein Vorbild moralischer Verantwortlichkeit und Entschlußkraft aus. Vielleicht denken Sie an einen Künstler wie Picasso, der bis in sein neuntes Jahrzehnt auf lebendige Weise schöpferisch war. Oder Sie richten Ihren Blick auf einen »Elder Statesman«, einen bedeutenden, alten Politiker, der diplomatische Streitigkeiten schlichtete. Vielleicht denken Sie auch an jemand wie Dorothy Day, die den Obdachlosen hilft und die Sache der Gewaltlosigkeit unterstützt. Stellen Sie sich Ihr älteres Ich vor – wie es sich auf diesem Foto im Album zeigt – und denken Sie daran, wie Sie sich für etwas Wichtiges, für ein Bedürfnis der Menschheit einsetzen. Entschließen Sie sich jetzt, wie Sie in Ihrem Freundeskreis gegen das Klischee von den nicht mehr verantwortungsfähigen Alten angehen werden. Wenn die typischen Beispiele, die die Altersfeindlichkeit anführt, auf Sie nicht mehr zutreffen, können die jungen Menschen, auf die Sie Einfluß haben, diese Vorurteile nicht mehr so ernst nehmen.
In diesen körperlichen und geistigen Vorstellungsbildern öffnen Sie sich für die spirituellen Dimensionen des Alterns. Sie werden auch feststellen, daß Sie als älterer Mensch an einer tiefen, fruchtbaren Weisheit teilhaben. Sie konnte sich entwickeln, weil ein Fenster des Bewußtseins zum Ewigen hin offen blieb. Im Beten und Meditieren haben Sie sich den Gefahren des Lebens und dem letzten Unbekannten, dem Tod, gestellt. Ihre Spiritualität wird all denen in Ihrem Umkreis helfen, die über ihr eigenes Älterwerden nachsinnen.

2 Loslassen

Eine für den Buddhismus zentrale Einsicht bildet auch den Kern des gesunden, schöpferischen Alterns: Wenn du Glück und inneren Frieden finden willst, klammere dich nicht an Dinge und unwirkliche Erwartungen im Leben. Ich zögere ein wenig, wenn ich die Botschaft der Vier Edlen Wahrheiten in westliche Begriffe wie Glück und Frieden übersetze. Um sie im buddhistischen Sinn genauer zu fassen, dürfen wir sie nicht einfach so verstehen, als ginge es um oberflächliche Bequemlichkeit und scheinbare Sicherheit. Glück und Frieden sind vielmehr tiefere Zustände der Seele, die durchaus mit Mühsal, Disziplin, Suchen und Engagement verbunden sind. Aber zurück zur Hauptsache: zum Aufhören egoistischen Begehrens und Anklammerns an materielle Dinge oder Ideologien. Wir können diese Einsicht noch umfassender als ein Loslassen verstehen. In der christlichen oder jüdischen Tradition könnte man das den Geist des Losgelöstseins nennen, der es einem ermöglicht, im Glauben zu leben.
Weshalb ist die innere Freiheit des Loslassens so wichtig für den Prozeß des kreativen Alterns? Um diese Frage beantworten zu können, müssen wir uns einige grundlegende Tatsachen des menschlichen Lebens vor Augen führen. In der Kindheit geht es

vor allem um das Überleben, und so ist sie notwendigerweise eine Zeit des heftigen Verlangens nach Befriedigung der persönlichen Bedürfnisse. Kinder konzentrieren sich zum größten Teil darauf, und das ist auch richtig so. Eltern und auch andere Menschen müssen ihnen beistehen und das Gefühl der Sicherheit geben. Uns fällt hier aber eine elementare menschliche Verhaltensweise auf, die in der Kindheit ihren Anfang nimmt und später in den verschiedenen Lebensphasen leicht beibehalten wird. Wie Kinder verlangen wir weiter nach allem möglichen, nach Lob und Macht, als könnten uns diese Dinge für immer und ewig vor Zerfallserscheinungen und Tod schützen. Dieses Verhalten, das Anklammern, Verlangen und Anhäufen wird in der Lebensmitte und im Alter zu etwas Zerstörerischem. Das unveränderte Verhaltensmuster aus den Kindertagen verschafft uns eine falsche Sicherheit, die der Grund für viele Fehlentwicklungen der Gesellschaft ist.
Die Lebensmitte ist genau die richtige Zeit, das aus der Kindheit und Jugend stammende Anklammern aufzugeben. In der Lebensmitte wird uns eindringlich klar, daß wir endliche Wesen sind. Die Zeit ist nicht auf unserer Seite. Wir sind sterblich, und kein Anklammern oder Verlangen wird uns die Unsterblichkeit bringen oder uns vor dem Tod und dem Prozeß des Sterbens bewahren. Wenn wir nicht völlig in unserer kindlichen, den Tod verleugnenden Kultur versunken sind, sind wir um die Lebensmitte auch bereit, einen ernsthaften Wandel, eine Umkehr des Herzens zuzulassen. Wir sind vielleicht zum erstenmal im Leben wirklich bereit, loszulassen. Von diesem Übergang vom Verlangen zur Fürsorglichkeit, vom Habenwollen zum Teilen, vom Anklammern zum Losgelöstsein hängt viel ab. Die Vertiefung der eigenen Menschlichkeit und Spiritualität hat ihre Quelle in dieser Wandlung. Eine neue gesellschaftliche Ethik, die auf dem Geist der Verantwortung allem Leben gegenüber beruht, ist nur möglich, wenn eine beträchtliche Anzahl von Menschen für eine solche Umkehr offen ist.
Wirkliches Loslassen entsteht aus dem rechten Maß von Losgelöstsein und Bindung. Wir dürfen nicht bloß die eingebildeten Sicherheiten vergangener Tage hinter uns lassen, als würde dieses

Überbordwerfen der gefährlichen Ladung schon genügen, uns dem Ziel der Reise näherzubringen. Wie die Natur hat auch unsere Seele eine Scheu vor dem ganz Leeren. Das Ideal besteht nicht darin, endlos im Ozean des Lebens als Spielball der Winde zu treiben. Das Aufgeben nutzlosen Gepäcks soll uns vielmehr in die Lage versetzen, rasch neue Richtungen einzuschlagen. In der Meditation, im Augenblick des Loslassens finden wir vielleicht für eine Weile Ruhe. Aber wenn der Geist wieder weht, müssen wir bereit sein, ein erneutes Anlegen zu wagen. Wichtig ist hier, worum es bei diesem neuen Anhaften geht. Handelt es sich immer noch um den unmöglichen, Angst erzeugenden Wunsch aus der Kindheit, um die Sehnsucht nach Unsterblichkeit und völliger Sicherheit? Oder ist das neue Anhaften von einem umfassenderen, fürsorglichen Mitfühlen erfüllt?
Die Phasen des Loslassens mit ihrer rhythmischen Abfolge von kritischem Untersuchen und Losgelöstsein, die vor allem in der Lebensmitte einsetzen, werden in die neuen Bindungen eingebracht, die ihrerseits ständig geprüft und umgewandelt werden. Diese »innere Alchemie« kann uns in ein Alter führen, in dem wir uns geistig weiterbewegen und der Menschheit noch besser dienen. Die buddhistische Auffassung dieser Wahrheiten zeigt Parallelen zur christlichen Bergpredigt. Der Buddha wies auf die Unbeständigkeit und wechselseitige Verflechtung aller Wirklichkeit hin und forderte zur Erfahrung des Losgelöstseins auf, damit sich unsere Augen für das wirkliche Sein der Dinge öffnen (und die Erleuchtung geschehen kann). In der Bergpredigt spricht Jesus von der Haltung jener Menschen, die alle falschen Sicherheiten wie Machtstreben, irdischen Besitz und aufgeblähtes Ich fahren lassen. Die Lösung von den Illusionen wird zum Katalysator, der nützlichere Bindungen, Friedenstiften und persönliche Integrität ermöglicht. »Selig sind, die da geistlich arm sind«, »Selig sind die Friedfertigen«, »Selig sind, die reinen Herzens sind«. Diese bereitwillige Annahme höherer Werte wird im Alter zu einem wichtigen Leitgedanken.

*

In der Jugend wurde uns beigebracht, Dinge anzustreben, die uns Sicherheit geben sollten und die, als wir erwachsen waren, doch nur zu unserer Unsicherheit beitrugen. Uns wurde vielleicht eingeredet, Geld würde uns retten, einflußreiche Freunde könnten uns schützen, Machtpositionen würden uns vor Verlusten bewahren. Schließen Sie die Augen und lassen Sie vor Ihrem inneren Auge die Gesichter derer auftauchen, die Sie in die Geheimnisse der Sicherheit einweihten. Lauschen Sie mit dem inneren Ohr auf ihre Stimmen. Wenn es dabei um materielle Dinge ging, versuchen Sie sich zu erinnern, welche das waren. Wenn Sie auf die frühen Begierden nach Besitz gestoßen sind, atmen Sie tief ein, um dann den Atem anzuhalten, damit die Luft in Ihnen diese Verhaftung lockern kann, die so lange Macht über Sie hatte. Atmen Sie dann aus und stellen Sie sich vor, daß dieses Verlangen aus Ihrem Wesen gespült wird. Wiederholen Sie die Übung so oft, wie Sie mögen. Nehmen Sie sie ein andermal wieder auf, da die tief eingefleischten Begierden, nach denen Sie Ihr Leben einrichten, ohne Disziplin oder Hingabe nicht zu ändern sind. Fassen Sie das Loslassen des materiellen Besitzens nicht als Mißachtung der Dinge oder der Natur auf. Es geht vielmehr darum, daß den materiellen Dingen auf falsche, gefährliche Weise ein bestimmter Platz im Leben eingeräumt wird, und diese falsche Sicht wollen Sie allmählich loswerden.

Wir fesseln uns notwendigerweise durch emotionale Bindungen an die Eltern, lange bevor wir diese Beziehungen gedanklich bewußt erfassen können. Diese frühesten Bindungen sind äußerst wichtig für die Ausbildung eines sicheren Selbstgefühls, der Liebesfähigkeit und des Vertrauens. Doch unsere Familienbindung hat noch eine andere Seite. Sie verleitet uns unbewußt, uns einflußreichen Menschen anzuschließen, von denen wir erwarten, daß sie die Elternrolle übernehmen und uns das ganze Leben hindurch schützen und behüten. Wir übertragen diese Abhängigkeit auf Ehegatten, Ratgeber, Freunde und andere Menschen, von denen Macht und Sicherheit auszugehen scheinen. Nur selten finden wir die Einsicht, daß wir den großen Herausforderungen des Lebens allein gegenüberstehen. Damit ist nichts gegen die Freuden und Wohltaten der Gemeinschaft und Freundschaft gesagt, die uns ganz wesentlich tragen. Im Altersprozeß können wir unsere volle geistige Größe allerdings nur erreichen, wenn wir gewillt sind, die Reise nach innen zu den Quellen unseres Unbewußten allein anzutreten, und außen allein auf die Reise hin zu den Grenzen zu gehen, die uns Vergänglichkeit und Natur setzen. Rufen Sie sich die Personen in Ihrem Leben ins Gedächtnis, denken Sie über Eltern und Verwandte nach, gehen Sie weiter zu den Lehrern, Kollegen und Vorgesetzten, vielleicht sogar bis hin zu politischen oder religiösen Gestalten. Beginnen Sie die Atemübung und stellen Sie sich dabei die wichtige Person vor. Seien Sie dankbar für jede Wohltat, die Sie von ihr empfangen haben. Während Sie aber einatmen, lassen Sie zu, daß der Atemstrom jede dieser Personen sanft hochhebt und freigibt, weil Sie sich bestimmten Herausforderungen allein stellen müssen. Sie werden nie frei sein, wenn Sie mit Ihrem uranfänglichen Alleinsein nicht Frieden schließen.

Wir machen Pläne, streben nach Ehre und Macht. Wir sind in unserem Selbstwertgefühl abhängig vom Lob anderer oder von der Macht, die wir über Menschen oder Ereignisse haben. Natürlich liegen die Gründe für unser Handeln nicht nur im Streben nach Macht und Ruhm, und es ist auch nicht schlecht, sich über das Lob anderer zu freuen, wenn wir unsere Energie eingesetzt und etwas zuwegegebracht haben. Diese Meditation will Ehre und Macht nicht schlecht machen. Sie versucht eher, uns zu zeigen, daß diese Motivationsfaktoren nicht mehr wichtig für unser Selbstwertgefühl sind. Rufen Sie sich die Ehrungen ins Gedächtnis, die Ihnen im Leben zuteil wurden, oder auch die, nach denen Sie sich am meisten sehnen. Nehmen Sie sie, während Sie einatmen und den Atem anhalten, der Reihe nach in den Strom Ihrer Bilder hinein. Wenn Sie den Atem ausströmen lassen, sagen Sie sich deutlich, daß Ihre Würde und Ihr Seelenfrieden nicht von dieser oder jener Ehrung abhängen. Gehen Sie in dieser Übung auch auf Ihr Verhaftetsein an Formen einer Macht ein, die andere unterdrücken will, und die Sie vielleicht über Ihre Kinder, Ihren Ehegatten, über Mitarbeiter und Kollegen ausüben. Herrschsucht ist das Gegenteil der Kraft, die Möglichkeiten schafft. Die Herrschsucht verleiht uns das Gefühl der Wichtigkeit und Dauer, weil wir Menschen oder Institutionen im Griff zu haben scheinen. Eine Stärke, die Möglichkeiten schafft, zielt darauf ab, anderen dabei zu helfen, sich im Rahmen ihrer Fähigkeiten voll zu entfalten. Gehen Sie in der Vorstellung den Situationen nach, in denen Sie die Macht, zu herrschen, nicht loslassen können. Geben Sie mit dem Ausatmen diese Aspekte Ihrer Persönlichkeit frei.

Wenn wir uns lösen und uns nicht mehr an falsche Sicherheiten klammern, müssen wir andererseits neue, flexible Bindungen riskieren, die sich verändern lassen. Zu den wünschenswerten Aspekten der Lebensmitte und des Alters gehört das Streben nach Werten, die mehr in die Tiefe, die Weite führen. Das bedeutet, daß wir uns umfassender auf ein Zwiegespräch mit den Gaben unserer Seele einlassen, daß wir Freundschaften pflegen, daß wir uns für Dinge engagieren, die die Allgemeinheit betreffen, zum Beispiel Menschenrechte, Gerechtigkeit und Frieden. In der Atemübung konzentrieren Sie sich auf die Art von Verbundensein, die Ihnen entspricht. Sie atmen ein, umgeben das Bild in Ihrer Vorstellung mit lebensspendendem Sauerstoff und verleihen ihm so Kraft. Sie tragen dazu bei, daß es in Ihnen Wurzeln schlagen kann, während Sie sich auf ein Alter voller Großherzigkeit und Engagement zubewegen.

3 Verlust und Einschränkung erleiden

Ich habe Menschen gebeten, ihre persönlichen Ängste vor dem Alter niederzuschreiben. Fast immer führen sie die geistigen und körperlichen Zerfallserscheinungen an, die ihnen bevorzustehen scheinen. Dabei sind körperliche und psychische Aspekte eng miteinander verflochten. Im Zusammenhang mit körperlichen Krankheiten wird nicht nur an Schmerzen und Schwäche gedacht, sondern auch daran, daß wir dann nicht mehr frei über unser Leben bestimmen können. An der Arterienverkalkung schrecken uns Gedächtnisverlust und gesellschaftliche Entfremdung. Die Menschen fürchten einen langwierigen Verfall, bei dem es möglicherweise zum Einsatz hochentwickelter medizinischer Technik kommt, die sie auf eine bedenkliche Weise am Leben erhält und die Menschenwürde außer acht läßt. Mit diesen Ängsten geht die Furcht einher, die Familie oder andere finanziell zu belasten. Die Not des Alters ist also vielschichtig: sie ist körperlicher, geistiger, gesellschaftlicher Natur. All diese Faktoren ergeben das Bild eines Lebens, das nur aus Schwäche, Verwirrung, Isolation und gesellschaftlicher Ausgrenzung zu bestehen scheint. Da dieses Bild bewußt oder unbewußt unsere Einstellung prägt, denken wir lieber gar nicht erst über unser Alter nach. Der undeutliche, aber furchterregende Schatten der Not und Einschränkung hält uns von einer gedanklichen Beschäftigung mit dem Altern ab, die uns weiterhelfen könnte. Fassen wir die Wirklichkeit fester ins Auge, die viele von uns ganz unterschiedlich beeinflussen wird.

Wir beginnen vielleicht damit, daß wir ein wenig unsere Angst vor dem körperlichen Zerfall verlieren. Wir alle haben in unserem Leben Schmerz und Not kennengelernt. Wir haben gelernt, mit diesem natürlichen Begleitumstand des Daseins auf bestimmte Weise umzugehen. Die meisten von uns haben Verletzungen und Krankheiten des Körpers überstanden und sich wieder guter Gesundheit erfreut. Mit dem Alter mag zwar unsere Spannkraft nachlassen, aber wir sollten uns doch in vielen Nöten, die auf uns warten, auf sie verlassen können. Außerdem wird das oben angeführte, viel zu allgemeine Bild der Einschränkung, des Abbaus irrtümlicherweise auf das gesamte Alter ausgedehnt. Das ist vor allem deshalb bedauerlich, weil es die Leute abhält, schöpferisch über ihr Altern nachzudenken. Viele Menschen erreichen nämlich bei guter geistiger wie körperlicher Gesundheit ein achtes, ja neuntes Jahrzehnt. Auch wenn diese positiven Überlegungen stimmen und dazu beitragen, das düstere, stereotype Bild des Alters aufzuhellen, wird unsere letzte Lebensphase höchstwahrscheinlich bestimmte Formen der Not und der Einschränkung mit sich bringen. Wenn wir uns in früheren Jahren dieser Wirklichkeit stellen, können wir ihr etwas von ihrem Schrecken nehmen und gleichzeitig lernen, sie als positiv für unsere Entwicklung zu sehen. Teilhard de Chardin faßte dies mit den Worten »Wachstum durch Einschränkung« zusammen.

Teilhard nahm Schmerz und Behinderung sicher nicht auf masochistische Weise einfach hin. Er hatte vielmehr – in den Schützengräben des Ersten Weltkriegs, während seiner langen Laufbahn als hellsichtiger Paläontologe – selbst erlebt, daß widrige Umstände zur geistigen Weiterentwicklung beitragen können. Not und Einschränkung können auf ihre Weise die Fassade unserer Selbsttäuschung durchbrechen. Kern der selbstgeschaffenen Täuschung ist, daß wir zäh an dem Glauben festhalten, uns werde schon nichts passieren. Wir haben solche Angst vor ernsten Problemen, daß wir uns einreden, wir würden vom Glück schon nicht verlassen. Natürlich hat der Wunsch nach Erfolg und Segen seine Berechtigung; doch wenn wir uns der kindlichen Illusion hingeben, unsere Welt müsse stets völlig harmonisch sein, verhindern wir ein Wachstum der Persönlichkeit. Not ist ein Schock und zerreißt den Schleier der Illusion. Sie zwingt uns, der Wahrheit über das Leben, über unser Leben neu ins Auge zu blicken. Angesichts der Unsicherheit des Daseins, seiner Abhängigkeit von den Umständen, wird unser Geist zugleich wach und demütig. Wir erreichen zum erstenmal vielleicht den Punkt, an dem wir die Welt sehen, wie sie wirklich ist. Erst dann können wir auf ehrliche Weise abschätzen, wie weit unser Engagement für die Schöpfung geht. Leid und Not lassen uns an die Endlichkeit denken, an unsere tiefe Verbundenheit mit allen Geschöpfen dieser begrenzten Welt.

Manchen Menschen gelingt es, am Unglück zu wachsen. Eine Mutter verlor ihr einziges Kind durch einen tragischen Unfall. Danach war sie jahrelang vielen Kindern eine gütige, inspirierende Pflegemutter. Der Verlust, der sie als Mutter traf, brachte sie dazu, vielen jungen Menschen ihre vorbildliche Fürsorge zu schenken. Die körperlichen und geistigen Nöte, die das Alter mit sich bringt, fordern uns auf, größeres Mitleid für andere zu entwickeln. Mitleiden heißt, die Schmerzen aller Geschöpfe, unserer Leidensgefährten mitzufühlen. Wahres Mitgefühl, das nichts mit bloß gefühlsseliger Anteilnahme zu tun hat, führt uns über das Wissen hinaus, daß wir alle dasselbe Schicksal haben, in die Tiefen der Entfaltung der Individualität. Denn das Mitgefühl, das wir durch unsere eigenen Verluste erfahren, veranlaßt uns, ethisch verantwortlich zu handeln. Albert Schweitzer ist ein gutes Beispiel für einen alten Menschen, der trotz oder wegen der Schwierigkeiten, die er im Alter hatte, in Afrika für die Kranken einen Ort der Pflege schuf. Albert Einstein befaßte sich als alter Mann mit immer wichtigeren Themen der Menschheit, wie dem Frieden in der Welt, und versuchte, die intelligenten Menschen, ja alle Nationen darauf aufmerksam zu machen, daß wir handeln müssen, wenn wir die Katastrophe eines modernen Krieges abwenden wollen. Teilhard sah in der geistigen Entwicklung auf unserem Planeten die Entfaltung eben dieses Geistes voraus. Wenn uns der Verlust wachsen läßt, entdecken wir eine letzte Blüte unseres Lebens. Wenn es auf der körperlichen Ebene mit uns bergab geht, haben wir aufgrund unseres verstärkten Mitgefühls die Möglichkeit, uns geistig bergauf zu bewegen, was von großer Wichtigkeit für die Gesellschaft ist.

Das kreative Alter unterscheidet sich dadurch von einer Lebensweise alter Menschen, die nur tiefer in die Traurigkeit, Isolation und auch Bitterkeit führt, daß jeglicher Verlust auch als Wachstum verstanden wird. Wesentlich ist, daß wir in jungen Jahren oder in der Lebensmitte beginnen, einen Dialog mit unseren Nöten und Verlusten zu führen und ihn zu pflegen, vor allem dort, wo wir die Schwierigkeiten scheinbar nicht lösen können. Wenn wir uns nicht schon früh darin üben, ist es unwahrscheinlich, daß wir mit den schmerzlicheren Problemen des Alterns zurechtkommen. Wenn wir in der Lebensmitte über dieses Thema nachsinnen, werden wir zu ehrlicheren Menschen. Ehrlichkeit bedeutet, daß wir unser Dasein, wie es wirklich ist, in unser Bewußtsein einlassen, ohne die verwirrenden Illusionen, die ein Leben in Aufrichtigkeit unmöglich machen. Die Ehrlichkeit gestattet uns, mutiger zu sprechen und zu handeln, weil wir unsere Lage erfaßt haben. Wir sind Überlebende, die leiden; wir können ehrlich sein, weil wir kaum noch etwas zu verlieren haben. Das Nachdenken über das Wachstum, das ein Verlust auslöst, hilft uns auch, den Egoismus loszulassen, was zu einer höheren Selbstachtung führt. Egoisten leben letztlich in illusorischen, selbstgeschaffenen Wolken. Sie weigern sich, die Wahrheit über das menschliche Dasein anzunehmen: wir sind wechselseitig voneinander abhängige, leidende Geschöpfe auf dem Planeten Erde. Egoisten können dem Tod, dem letzten Verlust, nicht ins Auge blicken. Wenn wir uns aufrichtig auf unsere kleineren »Tode« einlassen, nimmt unsere Selbstachtung zu. Wir beginnen nämlich zu verstehen, daß unser Wert nicht davon abhängt, was Höherstehende über uns sagen, oder ob uns Institutionen Lob spenden. Selbstachtung beruht vielmehr darauf, daß wir uns als wundersame Geschöpfe annehmen, die kreativ mit dem Schmerz des Daseins leben können.

*

Suchen Sie sich einen behaglichen Platz, wo Sie sich gut entspannen können. Wenn Sie mit geschlossenen Augen mit den Atemübungen beginnen, langsam ein- und ausatmen, lassen Sie vor Ihrem inneren Auge zwei Bilder entstehen. Ein Kind, das einen Finger dicht vor das geöffnete Auge hält. Es konzentriert sich ganz auf den Finger und kann den weiteren Gesichtskreis nicht wahrnehmen. Das zweite Bild ist ein alter Mensch, der auf seiner Veranda sitzt und durch eine drei Quadratmeter größe Öffnung hinaus in den Garten blickt.
Diese Bilder versinnbildlichen das Thema unseres Nachdenkens über Verlust und Einschränkung. Zu häufig sind wir wie das kleine Kind und nicht wie der alte Mann. Wir konzentrieren uns so auf unsere Gebrechen, daß wir andere Zukunftsaussichten und Möglichkeiten nicht wahrnehmen. Der alte Mann ist vielleicht nicht mehr so beweglich oder gesund, wie er es einst war, aber durch sein begrenztes Fenster zur Welt beobachtet er einen Großteil des Lebens und nimmt an ihm teil. Er kann sich über die Schönheit der Natur freuen, die wechselnden Rituale ihrer Geschöpfe, und er kann den Blick auf neue Horizonte richten.
Bevor der alte Mann die Welt mit schöpferischen Augen sehen konnte, mußte er lernen, mit seiner Begrenztheit Frieden zu schließen. Versuchen wir es mit einigen Übungen, die uns helfen können, mit Verlusten zurechtzukommen. Zunächst sollten Sie klar erkennen, wie verläßlich Ihre Körperfunktionen sind, zum Beispiel Hören und Sehen, und dankbar dafür sein. Richten Sie Ihr inneres Auge auf einen Ihrer Körperteile oder auf Ihre Befindlichkeit insgesamt, die vielleicht zu wünschen übrig läßt. Sprechen Sie mit Ihrer inneren Stimme zu dem Teil von Ihnen, der Ihnen Kummer und Sorgen macht. Der Dialog kann sich etwa so

anhören: Ich spüre dieses Organ oder jenen Prozeß in meinem Körper; ich wende mich freundlich an sie und nehme sie als Teil von mir an, der schmerzt oder nicht wie gewünscht arbeitet. Wenn ich meine schwachen Seiten annehme, zeige ich Mitgefühl für mich selbst und freunde mich mit meinen Mängeln an. Ich weise diese Seiten von mir nicht wie Feinde ab. Weil ich beginne, meinen Körper zu lieben, auch wenn er Beschwerden hat, wird es mir möglich, heilende Energien freizusetzen, die eine Besserung bewirken. Außerdem kann ich die Ängste abschütteln, wie es wohl mit meinem Zustand weitergehen wird. Wenn ich mit meinen Mängeln Frieden schließe, nehme ich ihnen die Macht, die sie über mich haben. Ich bin frei und kann mich anderen Menschen und ihren Sorgen öffnen. Viele von uns leiden mehr als nötig, weil sie keine Verbindung zu ihrem Körper aufnehmen. Denken Sie mit Dankbarkeit daran, wie gut Sie Ihr Körper getragen hat, während Sie mit den Jahren gealtert sind.

Ich werde älter. Mein Körper erinnert mich durch gewisse Beschwerden und Einschränkungen an diesen Vorgang. Doch all das trägt gleichzeitig dazu bei, daß ich weiser und liebevoller werde. Ich begreife, daß ich mit allem, was mich körperlich oder geistig beeinträchtigt, als einzigartiges Wesen nicht identisch bin. Ich bin nicht mein Körper, und ich bin auch nicht dieser Teil des Körpers, dem es schlecht geht. Ich bin nicht die Person, die durch ihre gesellschaftlichen Rollen festgelegt ist, durch die Ausübung dieses oder jenes Amts oder dadurch, daß ich als alter Bürger gesehen werde, der sich zur Ruhe gesetzt hat. Was ich wirklich bin, läßt sich nicht mit dem mehr oder weniger gesunden Körper, der gesellschaftlichen Rolle oder meinem Status gleichsetzen. Ich bin dieser eine Mensch, dieses fortwährend erinnerte Wesen, das nicht eins mit den Nöten oder Einschränkungen ist. Wenn ich in Kontakt mit den Einsichten bleibe, die aus dem Unbewußten aufsteigen, verstehe ich noch besser, daß ich nicht nur mein Körper, meine Gedanken, meine Rolle in der Öffentlichkeit bin. Diese Meditationsübung ist eine gute Ergänzung zu der anderen Übung, in der ich meine Verbundenheit mit dem Körper begreifen kann. Ich muß lernen, meinem körperlichen Ich freundschaftlich zu begegnen und gleichzeitig einzusehen, daß ich meine Persönlichkeit nicht völlig mit meinem Körper oder meiner gesellschaftlichen Stellung identifizieren kann.

Dieser Rhythmus, in dem Einssein und Getrenntheit sich abwechseln, gestattet mir, als freier Mensch in das Alter hineinzuwachsen. Während ich durch körperliche und psychische Probleme lerne, mein wahres Ich zu entdecken, werde ich offener für andere, für die Natur, für Gott. Ich begreife in meiner Not, daß ich über alle Grenzen der Länder und Rassen hinweg eins bin mit den anderen Menschen. Ihr Schmerz ist mein Schmerz: das erfordert meine Fürsorge, mein Engagement, damit die schädlichen Seiten unserer gemeinsamen Gebrechen abgemildert werden. In der Familie der Schmerzen, der Not und Einschränkung sind wir alle Brüder und Schwestern, die aufeinander angewiesen sind. Die Welt der Natur zeigt mir immer, was es heißt, sich mit dem Niedergang abzufinden und sich trotzdem die Spannkraft zu erhalten. Sehen wir uns die Bäume an. Bedenken wir, daß sie ihre Zeit haben, bevor sie fallen und neuem Leben Platz machen. Dabei dürfen wir nicht übersehen, wie sie, während sie kräftig werden und emporwachsen, mit Verletzungen fertigwerden. Wenn ich mein wirkliches Ich kennenlerne, weil ich mit Verlust und Einschränkung schöpferisch umgehe, altere ich in Gott und in Einheit mit allem, was ist. Ich und die Welt sind eins, oder anders gesagt in einem Gott enthalten, der Not und Verlust erleidet. Mein Gang durch die Schmerzen des Lebens wird in Wirklichkeit zu einer Erlösung, weil ich am erlösenden Leiden und Werden der Schöpfung teilhabe.

Am Ende der Meditation über Verlust und Einschränkung lassen Sie die wichtigsten Einsichten weiterwirken und nehmen Sie in Ihren ruhigen, rhythmischen Atem hinein.

4 Mit Einsamkeit umgehen

Für ein kreatives Altern ist wesentlich, daß wir mit unserer Einsamkeit weise umzugehen lernen. Denn in der Lebensmitte und im Alter erleben wir gewöhnlich direkt und schmerzhaft, wie sehr wir von den Menschen getrennt sind, selbst von jenen, die uns sehr nahe stehen. Wenn wir diese Menschen als wirklich anders annehmen, fühlen wir einen gewissen Abstand und sehen uns nicht imstande, mit ihren tieferen Ebenen in Berührung zu kommen oder selbst tief berührt zu werden. In der Lebensmitte spüren wir auch deutlich, daß uns selbst die Institutionen, von denen wir am meisten erwarten, nicht auf ewig Kraft geben werden. Wenn es uns nicht gelingt, die Einsamkeit in unserem Inneren anzunehmen, versperren wir uns den Zugang zur Ganzheit, und zwar nicht nur im Sinn einer eigenen Ganzwerdung, sondern auch dort, wo wir die Möglichkeit haben, anderen in ihrer Entwicklung zu helfen. Wir haben alle schon junge Bäume gesehen, die dicht nebeneinander wachsen. Eine Weile schützen sie sich gegenseitig und geben sich Schatten. Doch wenn sie älter werden, nehmen sie sich gegenseitig Luft und Sonne, und wir sehen, daß es zu Mißbildungen kommt. Ein schmerzliches Auslichten läßt einen Baum allein stehen. Er wird älter und füllt den Raum in allen Richtungen mit

fruchtbaren Zweigen. Der Baum mußte aber eine Zeit des Auslichtens und der Einsamkeit ertragen, in der ihm die Berührung, der Schutz seiner nächsten Nachbarn fehlte.
Gewöhnlich wird zwischen Einsamkeit und Alleinsein unterschieden. Zum Glück bin ich heute nachmittag allein und kann diese Meditation niederschreiben. Einsam bin ich dabei nicht. Die meisten, die zwischen Alleinsein und Einsamkeit unterscheiden, legen uns nahe, das Alleinsein zu pflegen, weil es gut für die Selbsterkenntnis ist, die Einsamkeit aber zu vertreiben, weil zu befürchten steht, daß sie zu Depressionen führt. Das ist ein großer Irrtum. Wir müssen nämlich lernen, uns dem Schmerz und der Traurigkeit zu stellen, die zur Einsamkeit gehören, weil uns diese schwierigen Erfahrungen den Weg zu unserem Wesenskern öffnen können. Wir müssen diese Wunden spüren, damit wir uns selbst und andere heilen können. Hier kann nur der Arzt heilen, der selbst verwundet ist. Wenn wir den Schmerz leugnen, oder uns ablenken und zerstreuen lassen, um ihn zu betäuben, wird eine Heilung, ein Wachsen auf der seelischen Ebene verhindert. Einsamkeit bedeutet nicht unbedingt Zurückweisung oder Verlassensein, die ja an direkte Schritte anderer Menschen denken lassen. Wenn dieser feinere Schmerz der Einsamkeit ins Bewußtsein dringt, sollten wir ihn, wie die amerikanische Schriftstellerin und Frau des berühmten Ozeanfliegers Anne Lindbergh sagt, als »einen Verkündigungsengel« in die Arme schließen, denn der Schmerz ist voller Verheißung.
Wir sprechen also von der Einsamkeit als einer Erfahrung, die uns in unserer Menschlichkeit tiefer und weiter werden läßt, wenn wir wissen, wie wir sie uns zum Freund machen können. Wenn wir vor diesem Gefährten flüchten wollen, gehen wir unseren wahren Gefühlen aus dem Weg und versuchen, unsere Lebensgeister ausschließlich mit der dünnen Suppe des rationalen Denkens zu ernähren. Wenn wir Angst haben, uns der Qual auszusetzen, die eine direkte Begegnung mit unserer Einsamkeit mit sich bringt, drängen wir sie hinab in die vergessenen, schattigen Ecken unserer Psyche. Wir meinen vielleicht, das Problem wäre erledigt, aber es schwelt im Dunkeln weiter und macht es uns auf eine viel

indirektere und gefährliche Weise schwer. Die Menschen haben heute besondere Schwierigkeiten, mit ihrer Einsamkeit zurechtzukommen. Zum Teil sind wir der Natur und dem eigenen Körper entfremdet, und dann führt die Hast und Zersplitterung in unseren Beziehungen dazu, daß nachbarliche Freundlichkeit und Gemeinschaft abnehmen. Wir fühlen uns reichlich isoliert und werden sogar aggressiv, weil wir den Kummer unserer Einsamkeit verbergen wollen. Wenn wir anfangen, Liebe und Freundlichkeit geringzuschätzen, dann häufig deshalb, weil wir nicht durch den Engpaß der eigenen Einsamkeit gehen wollen.

Schöpferische Künstler und Schriftsteller haben gelernt, mit der Einsamkeit zu leben, weil sie für sie eine Quelle der Erkenntnis, des Mitfühlens ist. Thomas Wolfe sprach für viele kreative Menschen, als er die Einsamkeit als eine Lebensweise auffaßte, die unumgänglich ist, wenn wir schöpferisch sein wollen. Weshalb ist das Erdulden einer gewissen Einsamkeit so wichtig für ein erfüllteres Leben? Die Einsamkeit bringt uns in Berührung mit unseren wahren Gefühlen, macht uns sensibel für unsere wirkliche Not, für die echten Bedürfnisse. Wenn wir vor unserer Einsamkeit flüchten, machen wir einen Bogen um den Bereich des tiefsten Fühlens. Wir verarmen geistig. Durch den Versuch, mit Hilfe von Zerstreuungen und ständiger Suche nach Geselligkeit glücklich zu bleiben, nimmt unsere Lebensfreude ab, weil wir nicht mehr in Fühlung mit unseren tiefen Sehnsüchten sind. Einsamkeit ist das Verlangen nach Kontakt mit unseren tiefsten inneren Bereichen. Unsere wahren Gefühle sind in die vergessenen Schattenbereiche unserer Psyche gedrängt.

Unser Lob der Einsamkeit darf aber nicht in Einfalt ausarten. Manche Menschen nehmen seelisch Schaden, wenn Isolation und Vernachlässigung zu groß werden. Die Gesellschaft bestraft viele arme, ältere, obdachlose und gebrechliche Menschen ganz direkt oder über Institutionen. Es wäre grausam und gedankenlos, die Zwangslage dieser Menschen gutzuheißen, indem wir die Einsamkeit in Bausch und Bogen billigen. Wenn wir zu jenen gehören, die das Privileg einer guten Ausbildung und materiellen Wohlergehens genießen, sind wir im Gegenteil aufgerufen, durch die Begegnung mit der eigenen Einsamkeit sensibler auf die gesellschaftlich bedingten Nöte der armen und an den Rand gedrängten Menschen zu reagieren. Wenn wir uns in ihre Lage einfühlen können, keimt in uns der Wunsch, für einen gesellschaftlichen und politischen Wandel zu arbeiten, der ihre Situation bessert. Wir können außerdem viel von so manchen Armen und gesellschaftlichen Außenseitern lernen, die durch den Schmerz der Einsamkeit gegangen sind und einfühlsame Menschen wurden, denen es um wichtigere Bedürfnisse als materielle Sicherheit geht. Wenn wir, zum Beispiel in Obdachlosenheimen, auf solche Menschen treffen, können wir von ihrer tiefen Menschlichkeit berührt und beflügelt werden.

Die Einsamkeit kann dazu beitragen, daß wir uns mit unserer Tiefe anfreunden und den anderen bessere Freunde werden. Ein erstaunliches Paradox: durch die Begegnung mit der Einsamkeit begegnen wir echter Freundschaft. Eine weitere paradoxe Überlegung: es kann gut sein, daß wir erst in der Lebensmitte und im Alter bereit sind, die inneren und äußeren Freundschaften zu leben, die zu den Lektionen der Einsamkeit führen. In früheren Jahren beruhten viele unserer Freundschaften vielleicht auf einem oberflächlichen Umgang, der uns nur Nutzen oder bloße Unterhaltung brachte. Die Einsamkeit führt uns auf den steilen Pfad der Selbsterkenntnis. Nur wenn wir wissen, wer wir wirklich sind, können wir wahre Freundschaften eingehen. Oft sind uns unsere tieferen Gefühle und Sehnsüchte fremd. Die Einsamkeit schafft eine Gelegenheit, die verschütteten Gefühle wieder einzugliedern. Wir lernen uns selbst lieben, wenn wir unsere Kindheit mit ihren Verletzungen und ihrer Unterdrückung, sowie schönere Bilder der Eltern und weiser alter Menschen wieder in unser Bewußtsein einlassen. Diese innere Gemeinschaft findet vielleicht nur über den Schmerz Eingang in unser ängstliches und aufgeblasenes Ich.

Schließlich stellt die archetypische Gemeinschaft von Freunden in unserem Inneren einen Kern dar, der für unsere Freundschaften außen unerläßlich ist. Wenn das Leiden an der Einsamkeit im Zentrum unseres Wesens erlebt wird, verwandelt sie sich außen allmählich in Mitgefühl, Humor und Freude. Die Einsamkeit verschafft uns eine jener im modernen Leben so seltenen Erfahrungen, die uns zeigen, was an uns schief ist. Wenn wir uns dem Schmerz dieser Erfahrung überlassen, wachsen wir zu unserer vollen geistigen Größe heran. Nicht die Einsamkeit trennt uns von den anderen, sondern der Schrecken einer Einsamkeit, die nicht vollständig angenommen wird.

⁂

Begeben Sie sich an einen Platz, der ruhig und einsam ist. Vielleicht setzen Sie sich in einen Park oder an ein Gewässer. Manche werden sich eher auf einem Waldspaziergang einsam fühlen. Wenn das Gefühl der Einsamkeit in Ihnen aufsteigt, setzen Sie sich bequem hin, schließen Sie die Augen und atmen Sie tief ein. Dann halten Sie den Atem ein wenig an und lassen ihn langsam ausströmen. (Wenn Sie wissen, wie Sie mit Hilfe der Selbsthypnose einen Zustand leichter Trance herbeiführen können – und wenn Sie sich in diesem Zustand wohlfühlen – so setzen Sie ihn bei dieser Meditation ein.)

Versuchen Sie, die körperlichen Gefühle zu benennen, die mit Ihrer Einsamkeit verbunden sind. Fühlen Sie in der Gegend des Herzens einen Schmerz, sind Hals oder Bauch verspannt? Ist die Einsamkeit mit Kopfschmerzen verbunden, sind Nacken und Schultern verspannt? Wenn Sie orten können, wo dieser Schmerzzustand sitzt, stellen Sie sich vor, daß Ihr Atem durch diese Stellen strömt. Sie treten einen Augenblick in den Hintergrund und beobachten dieses Steigen und Fallen Ihres lebendigen Atems, der den Schmerz im Zentrum der Einsamkeit berührt. Wenn Sie durch den Schmerz treiben, erinnern Sie sich daran, daß Sie nicht vor Ihrer Wirklichkeit flüchten, sondern sie vielmehr jetzt in diesem Augenblick ganz erleben. Sie setzen diesem Vorgang keinen Widerstand entgegen, sondern wagen die Begegnung mit der Einsamkeit in der Zuversicht, daß Sie auf diese Weise mit größerer Selbsterkenntnis und Weisheit Neuland erreichen.

Stellen Sie sich Ihren Schmerz der Einsamkeit als die Mitte eines Kreises, eines mandalaförmigen Bildes vor. Ihr Bewußtsein umgibt in der Meditation den Kreis wie ein wohltuender Schleier, in den Verständnis und Mitgefühl verwoben sind. Stellen Sie sich jetzt vor, daß Sie durch die Mitte atmen. Wie reagiert sie auf das Kommen und Gehen Ihres Atems? Ist mit dieser Konzentration auf die Mitte Ihrer Einsamkeit irgendeine bestimmte Farbe, ein Gefühl verbunden? Mit jedem Einatmen nehmen Sie Ihre Einsamkeit an. Mit jedem Ausatmen überlassen Sie sich dem Sinn, der für Sie in ihr liegt. Vielleicht geht es dabei um die Sehnsucht, mit Gott als der geistigen Mitte Ihres Seins vereint zu werden. Der Schmerz der Einsamkeit steht für die notwendige Phase, in der wir uns aus unseren gewöhnlichen Zerstreuungen lösen, um uns der Sehnsucht nach göttlicher Gegenwart im Inneren zu stellen.
Stellen Sie sich schließlich vor, daß heilende Energien, die die Mitte Ihres Schmerzes verwandeln, in alle Teile Ihres Wesens ausstrahlen. Lassen Sie diese Umwandlung die Form des Mitgefühls und der Freundschaft annehmen, die Sie ganz so, wie es zu Ihrem Leben paßt, den anderen schenken. Vielleicht fallen Ihnen bestimmte Menschen in Ihrer Familie, Ihrem Freundeskreis, an Ihrem Arbeitsplatz ein. Welche Gefühle, Bilder und Gedanken steigen auf? Nehmen Sie sie zur Kenntnis. Sehen Sie sich staunend den sich ausweitenden Kreis des Mitgefühls an, der sich von der Mitte Ihrer Einsamkeit her vergrößert. Lassen Sie zu, daß die Ringe seiner sich ausweitenden Bewegung Bereiche der Welt berühren, in denen Gewalt und Unterdrückung besonders kraß sind. Aus der Mitte Ihrer Einsamkeit steigen Gefühle der Gerechtigkeit, des Friedens und der Versöhnung auf.

5 Verlassen sein

Wenn wir dem Prozeß des Alterns einfühlsam begegnen, können wir Wichtiges über unsere Gefühle und Ängste lernen, die mit dem Verlassenwerden zusammenhängen. »Verlassensein« ist ein starkes Wort, in dem mitschwingt, daß Menschen sich gegenseitig aktiv ablehnen. Wenn wir auch absichtlich verlassen oder abgelehnt werden können, so gibt es doch ein Gefühl des Verlassenseins, das uns ganz still überkommt, bei dem wir passiv sind. Die Frau in der Lebensmitte etwa mag sich verlassen vorkommen, weil ihre Kinder woanders eine Ausbildung anfangen oder fortziehen, um eigene Familien zu gründen. Sie erlebt vielleicht ein schleichendes Verlassenwerden, weil sich ihr Mann immer mehr in seine Arbeit vergräbt. Mit dem Altern kommen neue Gefühle des Verlassenseins auf uns zu. Der Tod langjähriger Freunde oder Partner kann das finstere Gefühl mit sich bringen, allein gelassen zu werden oder gar verstoßen zu sein. Viele Männer, die sich zur Ruhe gesetzt haben, machen Erfahrungen, die ihnen überzeugend zeigen, daß sie von den Kollegen und Institutionen zum alten Eisen geworfen wurden. Vielleicht geht es bei der Depression, die im Ruhestand auftritt, und in der die Gedanken um die ehemalige Arbeit kreisen,

eigentlich um das Verlassensein. Viele Menschen sprechen davon, nutzlos oder wertlos zu sein. Hinter diesen Gedanken steht ein Gefühl, das weniger leicht zugegeben wird, daß man nämlich von der Gruppe der Gleichgestellten verlassen oder aufgegeben worden sei. Noch verlassener fühlen sich alte Menschen in Pflegeheimen. Sie erleben sich als von ihrer eigenen Familie abgelehnt und fallengelassen.
Um zu verstehen, warum das Gefühl des Verlassenseins eine so große Macht über unsere Psyche hat, müssen wir über seinen Ursprung in der Kindheit nachsinnen. Zu unserer ersten Erfahrung als Menschen gehört die innige Verbundenheit, die wir im Mutterleib erleben. Noch vor allem Nachdenken haben wir auf die allerkörperlichste Weise erfahren, was totale Verbundenheit, gänzliches Umhülltsein und fürsorgliches Ernährtwerden sind. Wenn wir Glück haben, ist unsere Umgebung in der frühen Kindheit weiter sehr fürsorglich und vertrauenserwekkend. Aber diese erste Erfahrung kann und sollte nicht aufrechterhalten werden. Wir haben in der Kindheit bestimmt erlebt, verlassen zu sein, wenn wir nämlich weinten, und die Eltern sich nicht sofort um uns kümmern konnten, oder wenn sie fortgingen, und wir uns nicht sicher waren, ob sie zurückkommen würden. Damit wir zu eingenständigen Menschen heranwachsen konnten, war es jedoch wichtig, daß wir lernten, wie wir mit diesem widersprüchlichen Prozeß von Zugehörigkeit und Unabhängigkeit umgehen können. Hier befinden wir uns in gefährlichem Gewässer, wo die Psyche nicht so leicht in einem gesunden Gleichgewicht gehalten werden kann. Denn die Eltern können uns verlassen, indem sie uns vernachlässigen oder ablehnen. Oder sie »verlassen« die sich entfaltende wahre Persönlichkeit des Kindes, indem sie es zu sehr beaufsichtigen. Das äußert sich vielleicht in einer tyrannischen Unterdrückung, die mit direkter Angst vor Bestrafung arbeitet, oder die Eltern sind nicht wirklich an dem sich entwickelnden Ich des Kindes interessiert. Die wahre Persönlichkeit des Kindes kann auch noch durch Eltern »verlassen« werden, die ihren Sprößling unaufhörlich (und unrealistischerweise) loben, so lange das Kind

den elterlichen Idealen entspricht und die Erwartungen erfüllt. Solche Menschen sind als Erwachsene möglicherweise unfähig, ihre wahren Gefühle anzunehmen, oder haben Angst vor ihnen. Sie lassen auch gern ihre Wut an anderen Menschen aus und verlagern damit einen Zorn, bei dem sie nicht sehen können, daß er sich gegen den eigentlichen Ursprung ihres Verlassenseins richtet, oder gegen den sie ihn auch gar nicht zu richten wagen.

Lebensmitte und Alter gestatten uns, unsere Begegnungen mit dem Verlassensein wahrzunehmen und anzunehmen. Wir können auch erfassen, wie sich diese Erfahrungen im späteren Leben auswirken. Wir sind vielleicht zum ersten Mal in der Lage, unsere Angst zu sehen, nicht dazuzugehören. Wir können uns dann mit den Folgen auseinandersetzen, die das für unser Verhalten den vertrauten, befreundeten Menschen oder unseren Arbeitskollegen gegenüber hat. In der Jugend waren wir entweder noch zu dicht an unseren verzaubernden und überwältigenden frühen Erfahrungen des »Verlassenseins«, oder wir waren so damit beschäftigt, die Persönlichkeit, die Rollen auszugestalten, daß uns die tieferen Ursprünge unserer psychischen Verfassung und Verformung nicht bewußt werden konnten. Im mittleren Alter haben wir zur Genüge erfahren, wie negativ sich unsere Angst vor dem Verlassenwerden auswirkt. Uns mag zum Beispiel klar werden, daß unsere unmäßige Wut, die wir auf andere, selbst vertraute Menschen haben, mit unserer Unsicherheit zusammenhängt, ob wir akzeptiert werden, ob wir grundsätzlich wert sind, akzeptiert zu werden. Wir befürchten vielleicht, nicht liebenswert zu sein, nicht dazuzugehören, von den anderen verlassen zu werden. Unsere Angst vor dem Verlassenwerden kann sich in der Lebensmitte auch noch anders äußern, als Teilnahmslosigkeit, Rückzug und Resignation. Wir befürchten, daß wir leichter zurückgewiesen werden können, wenn wir unsere Einstellungen, unser Leben wesentlich ändern. Wir ängstigen uns, daß sich die Familie, die Freunde, die Kollegen von uns entfernen, was wieder die Kindheitsängste des Verlassenseins weckt. Wenn wir über unsere Angst vor dem Verlassenwerden meditieren, und auch über unsere Hilfsmittel, dieser Angst entgegenzuwirken, können wir unseren späten Jahren mit einem vertieften Selbstverständnis und dem Mut entgegensehen, das Leben beherzter in die Hand zu nehmen.

*

Setzen Sie sich ruhig zur Meditation nieder und führen Sie einige Atemübungen aus. Wichtig ist, daß Sie sich in Ihrer Vorstellung konkrete Erinnerungen an das Verlassenwerden vor Augen führen. Einigen gelingt es vielleicht, sich in Szenen der Kindheit zurückzuversetzen, in denen diese Erfahrung intensiv war. Wenn ein Elternteil in unserer Kindheit starb, oder sich die Eltern scheiden ließen, können wir die Gefühle des Verlassenseins wieder in uns aufrufen. Für andere liegen die Kindheitserinnerungen in zu großer Ferne. Wenn das bei Ihnen der Fall ist, erinnern Sie sich an ein anderes erschütterndes Erlebnis, an den Tod oder Weggang eines geliebten Menschen. Das können Lebensgefährten, die Eltern oder Freunde gewesen sein. In unserer Gesellschaft kennen viele das Gefühl, verlassen oder abgelehnt zu werden, aus Scheidungen. Lassen Sie die schmerzlichen Erinnerungen noch einmal aufsteigen. Erinnern Sie sich, stellen Sie sich bildhaft vor, wo Sie sich damals befanden. Welche Arbeit hatten Sie zu der Zeit? Die Umgebung, in der Sie sich aufhielten, kann Gefühle wachrufen, die dem damaligen Fühlen recht nahe kommen. Dieser Prozeß wird indirekt auch Ihre frühesten Kindheitsängste vor dem Verlassenwerden wecken. Richten Sie Ihre Aufmerksamkeit auf eins oder zwei solcher Ereignisse und nehmen Sie bereitwillig das Gefühl des Ausgeschlossenseins an, ohne eine zu tiefe Traurigkeit in Ihre Seele einziehen zu lassen.
Wenn Sie sich einige Minuten auf die Erfahrung eingelassen haben, stellen Sie zunächst fest, daß der Schmerz zu ertragen ist. Dadurch wird Ihnen schon etwas über Ihre inneren Kraftquellen klar. Selbst wenn Sie die Übung des Verlassenwerdens auf eine

extremere Ebene heben (indem Sie sich zum Beispiel Schritt für Schritt den Tod oder Weggang aller Menschen vorstellen, die Ihnen nahe sind), würde Ihnen die Kraft erhalten bleiben, Ihr Leben zu ertragen. Sie könnten sich von neuem öffnen und auf andere Menschen zugehen. Außerdem könnten Sie lernen, in umfassenderer Weise Verbindung mit den archetypischen Stimmen Ihres Unbewußten aufzunehmen. Diese Energien aus den tiefsten Tiefen Ihres Selbst sind wie eine innere Gemeinschaft, die Sie besser als die meisten Menschen versteht. In der Sprache C.G. Jungs werden einige dieser inneren Kräfte z.B. Schatten, *Anima/Animus*, *Puer*, Mutter oder *Senex* genannt. Diese innere Gemeinschaft seelisch-geistiger Elemente wird Sie nie verlassen. Manche Menschen entdecken diese inneren Kräfte, weil sie über psychologische Themen nachdenken, andere treffen im kontemplativen Zwiegespräch der Seele mit Gott auf sie. Ganz gleich, wie sich Ihnen diese heilenden Energien zeigen, Sie sollten sie als Teile der Gemeinschaft in Ihrem Innern bereitwillig annehmen. Diese Aspekte sind auf immer mit Ihnen verbunden, und Sie mit ihnen. Wenn Sie Ihre innere Familie entdecken, können Ihnen äußere Erfahrungen des Verlassenwerdens nichts anhaben. Im Gegenteil, das bewußte Erleben einer Ablehnung kann Sie dazu bringen, sich mit der Gemeinschaft in Ihrem Unbewußten anzufreunden.

Wenn Sie bei dem Gedanken verweilen, daß Sie letztlich von den geistigen Kräften des Kosmos nie verlassen werden, können Sie erspüren, wie Sie unaufhörlich von der Güte und Fürsorge Gottes umgeben sind. Aus christlicher Sicht haben wir teil am Leben der Dreieinigkeit, der göttlichen Gemeinschaft. Stellen Sie sich vor, Sie sind von einer warmen, leuchtenden Wolke des Geheimnisses eingehüllt. In dieser Wolke sind die heilenden, Energie verleihenden Kräfte Ihrer tiefen Psyche. Stellen Sie sich die Wolke als Teil eines viel größeren Reiches vor, in dem Gott als Gemeinschaft gegenwärtig ist. Vom jüdischen Glauben her gesehen entsteht dieser gemeinschaftliche Aspekt göttlicher Gegenwart aus dem Wissen, dem geistigen Israel anzugehören. Das starke Gefühl des jüdischen Volkes, Teil einer Ordnung zu sein, beruht letztlich auf diesem religiösen Verständnis. Vielleich gelangen Sie zu dieser Erfahrung einer hegenden Gemeinschaft, wenn Sie an all die Menschen denken, die Ihnen im Verlauf Ihres Lebens Wohltaten erwiesen haben oder Ihnen uneingeschränkte Liebe entgegenbrachten. Lassen Sie diese Kräfte der Liebe, die Sie persönlich berührt haben, Teil jener geheimnisvollen Gemeinschaft werden, die sich gütig und sanft durch die segensreiche Wolke bewegt, von der Sie umgeben sind.

Wenn Sie wieder entdecken, wie sehr Sie Teil der Welt außen und innen sind, haben Sie einen großen Schritt in Richtung kreatives Altern getan. Weil Sie durch die Erfahrung des Verlassenseins hindurchgegangen sind, können Sie sich einerseits in andere Menschen einfühlen, die sich verlassen vorkommen. Sie können andererseits ein Vorbild werden, weil Sie sich in Ihrem Leben als fähig erweisen, jenseits der Krisen des Verlassenwerdens eine Gemeinschaftlichkeit und Ganzheit wiederzuentdecken. Verweilen Sie in der Schlußphase Ihrer Meditation bei der Erfahrung des Verlassenseins, die wie ein Katalysator die Wiederentdeckung einer tieferen Verbundenheit mit der Natur, mit sich selbst und anderen Menschen bewirken kann. Stellen Sie sich vor, wie Sie als ein Mensch älter werden, dessen Fürsorglichkeit und Güte wachsen, weil Sie sich der ganzen Schöpfung mehr und mehr verbunden fühlen. Versuchen Sie sich vorzustellen, wie Sie in zwanzig Jahren aussehen werden – älter, grauhaariger, aber menschlich reicher, weil Sie durch Ihre fürsorgliche Art der ganzen Welt gehören. Wenn Sie Ihr Gesicht in jenen Jahren sehen können, stellen Sie sich vor, daß Wogen der Güte von ihm auf alle Wesen nah und fern ausstrahlen. Als Ihr älter gewordenes Ich sind Sie schon in Ihrem Körper, Ihrer Persönlichkeit ein Heiler geworden, der den Menschen die überwältigende Angst vor dem Verlassenwerden nehmen kann, weil Sie seinen Schrecken hinter sich gelassen haben und eine neue Form der Zugehörigkeit zu allem erfahren.

6
Unsere Erinnerungen

Der Prozeß des Älterwerdens schreibt unsere Lebensgeschichte, für die Menschen, Ereignisse, Erfolge und Mißerfolge, Freuden und Leiden den Stoff bilden. In der Lebensmitte oder im Alter sind wir sicher in der Lage, unsere Erinnerungen in eine Reihe von Erzählungen zu packen. Der »Lebensbericht« hat sich als sehr hilfreiche Technik erwiesen, ältere Menschen an die positiven wie negativen Aspekte ihrer persönlichen Geschichte heranzuführen. Wenn wir uns den negativen Dingen, den Verletzungen seit der Kindheit stellen und sie durchgehen, können selbst sie zu unserem Wachstum beitragen. Und doch begegnen wir in der Regel alten Menschen, die sich auf eine Art erinnern, die eher traurig und langweilig wirkt. Solche Menschen leben, so empfinden wir es, in der Vergangenheit, nehmen jeden, der in ihre Nähe kommt, als Zuhörer in Beschlag und halten endlose Monologe über vergangene Zeiten. Gelegentlich gibt es echte Erzähler, die unsere Aufmerksamkeit fesseln können, aber gewöhnlich möchten wir die Flucht ergreifen. Das Problem sind nicht die Geschichten an sich, sondern die Tatsache, daß sie kaum etwas mit dem Leben jetzt zu tun haben. Ganz anders ist es jedoch, wenn wir die Erinnerungen »wachrufen«. Ein Wiedererwecken der Erinnerungen respektiert die Vergangenheit und läßt sie noch einmal erstehen. Im Gegensatz zum Schwelgen in Erinnerungen wird dabei die Vergangenheit auf die Gegenwart und Zukunft bezogen. Wenn ältere Menschen Geschichten auf diese Weise erzählen, spüren wir, daß sie auch in der Gegenwart leben, daß die Vergangenheit der Gegenwart und Zukunft etwas zu sagen hat. Wie können wir im Sinne dieses Wiedererweckens der Erinnerungen mit unseren Geschichten Fühlung aufnehmen?

Unsere Fähigkeit, uns zu erinnern, ist eines der Wunder des Lebens. Wir bleiben über die Jahre hin dieselben Menschen und bewahren die Vergangenheit in uns. Wir wissen, sie schmerzt, aber wir können auch die Erinnerungen der Liebe wieder lebendig werden lassen. Die Vergangenheit wieder heraufrufen ist eine Form der Autobiographie: die Erzählung unserer Erfahrungen bildet das Gewebe der Identität und Einheit der Person. Und wir geben den Geschichten, die wir in der Lebensmitte, im Alter erzählen, ständig eine neue Gestalt. Wir können nie wieder nach Hause zurück und die Ereignisse mit den Augen des zwölfjährigen Kindes sehen. Doch die Umgestaltung vergangener Ereignisse muß nicht unbedingt heißen, daß wir sie verzerrt darstellen. Viel eher können wir in den damaligen Geschehnissen neue Sinnzusammenhänge entdecken. Sie waren sowohl Gelegenheiten wie auch Zeichen, die uns helfen, an unserer Zukunft zu arbeiten. Ein gesundes Erinnern, das sich nicht in der Vergangenheit verliert, schafft die Kontinuität, auf der unsere Selbstachtung und das Gefühl einer in sich zusammenhängenden Identität beruhen. So werden wir Verluste bewältigen, die sonst zu tiefen Depressionen führen könnten. Fangen wir doch gleich an mit einer Meditation an, über das Wiedererwecken unserer Erinnerung, unserer Geschichten.

Beginnen Sie Ihre Meditation so, daß Sie über Erinnerungen Verbindung mit Ihrer Vergangenheit aufnehmen. Setzen Sie sich an einen behaglichen Platz, vielleicht dorthin, wo Sie immer gern nachsinnen, und führen Sie die Atemübungen mit geschlossenen Augen aus. Für diese Meditation kann es hilfreich sein, wenn Sie kurz vorher einen Blick in ein Familienalbum werfen, sich ein Spielzeug oder einen anderen Gegenstand aus Ihrer Kindheit ansehen, die die Aufmerksamkeit und das Wiedererwecken der Erinnerung in die richtigen Bahnen lenken. Führen Sie sich das Haus vor Augen, in dem Sie aufwuchsen. Betrachten Sie die Zimmer, die anderen Menschen, die dort lebten, wie sie sich bewegten, was sie taten. Möglicherweise können Sie sich an Farben, an bestimmte Gerüche erinnern. Hatte das Haus einen Garten? Was spielte sich dort ab? Wenn Sie die alte Umgebung vor Ihrem inneren Auge entstehen sehen, denken Sie an Ihre Großeltern. Haben die in der Nähe gewohnt? Stellen Sie sich auch Ihre Eltern vor, wie die in Ihrer Kindheit waren. Erinnern Sie sich so klar wie möglich: wie sich die Eltern kleideten, was sie sprachen, womit sie sich beschäftigten. Verbanden Sie als Kind irgendwelche bestimmten Gefühle mit älteren Menschen? Hatten Ihre Eltern, die damals vermutlich in der Lebensmitte standen, bestimmte Ansichten über das Altern? Machte die Kultur, in der Sie aufwuchsen, gewisse Aussagen über das Älterwerden? Wir können uns fragen, ob sich unsere Eltern Gedanken machten, wie sie sich im Älterwerden entfalten und ihren Möglichkeiten gerecht werden würden, oder ob das Erwachsensein lediglich eine Art Plateau war, auf dem man im großen und ganzen gleich blieb.

Konzentrieren Sie sich auf die Eltern als Einzelpersonen. War Ihrer Mutter eine gewisse Angst anzumerken, in unserer Kultur als Frau altern zu müssen? Vielleicht hielten sich Ihre Eltern schon in der Lebensmitte für alt. Wie wirkte sich das auf ihr Selbstverständnis aus? Wurde die Selbstachtung Ihrer Mutter durch das Altern irgendwie in Frage gestellt? War ein Rollentausch zwischen Vater und Mutter zu bemerken, oder hielten sie in der Lebensmitte und im Alter an ihren Rollen fest? Wie sehr könnte ihre Fähigkeit, gewisse Gefühle und Wünsche zu äußern, von diesen festen Rollen beeinflußt gewesen sein? Welches Verhältnis hatte Ihr Vater zu seiner Arbeit? Sein Beruf könnte für ihn

eine Quelle der Kraft gewesen sein, oder er hatte möglicherweise negative Auswirkungen auf seine Persönlichkeit. War sein Beruf die Hauptsache? Ging er so in ihm auf, daß für anderes kaum Platz war? Vielleicht war das Verhältnis Ihres Vaters zum Beruf mehr im Gleichgewicht als bei den Karrieremenschen von heute, denen es nur noch darauf ankommt, mehr zu leisten, als von ihnen erwartet wird. Woran können Sie sich erinnern, wenn Sie an die Beziehung Ihrer Eltern denken, an die vielen Jahre, die sie dauerte? Entfernten sie sich während des Alterns allmählich voneinander oder kamen sie sich näher? Fragen Sie sich, ob diese Veränderung mit dem Älterwerden selbst zusammenhing. Fallen Ihnen aus Ihrer Jugendzeit Institutionen wie zum Beispiel Kirchen, soziale Einrichtungen ein, die sich mit dem Thema Altern befaßten? Welche Erinnerungen tauchen auf, wenn Sie an Besuche in Altersheimen denken?
Diese Augenblicke des stillen Nachdenkens über Ihre Familie läßt Erinnerungen daran aufsteigen, welchen Einfluß dieses besondere Geflecht früherer Beziehungen auf Sie hatte. Es lohnt sich, darüber nachzudenken, worin Ihr Älterwerden dem der Eltern ähnelt und wodurch es sich unterscheidet. Dieses Eintauchen in den konkreten Zusammenhang Ihrer Geschichte wird auch Erinnerungen daran wiederkehren lassen, wie sehr man sich um Sie kümmerte, welche Liebe man Ihnen entgegenbrachte. Wenn diese positiven Gefühle aufsteigen, geben Sie ihnen Raum. Sie lassen die Erinnerungen nachschwingen, die Ihnen Kraft geben. Die Reise zurück in Ihre frühen Jahre kann aber auch Erinnerungen an alte Verletzungen ans Licht bringen, die noch nicht verheilt sind. Die kurze Meditation reicht nicht aus, um die Last der Vergangenheit angemessen aufzuarbeiten. Das braucht seine Zeit und möglicherweise die Mithilfe von Beratern. Doch das Nachsinnen über Ihre Vergangenheit kann Ihnen helfen, Probleme in Worte zu fassen und noch einmal durchzugehen, die aufgelöst werden müssen, wenn Sie schöpferisch altern wollen. Vielen Menschen hilft es, diese Einsichten oder ungelösten Probleme in einem Tagebuch aufzuschreiben, damit Sie die Themen in der Zukunft wieder aufnehmen können. Wie die Traumarbeit die sich entwickelnde Psyche

erleuchten und kräftigen kann, so können meditative Betrachtungen des eigenen Lebens wichtige Hinweise für den Individuationsprozeß aufsteigen lassen.
Wenn Sie mit Ihren Erinnerungen Fühlung aufnehmen, können Sie Ihre jetzige Einstellung gegenüber dem Altern betrachten und sehen, was Sie über die Zukunft denken. Beachten Sie den Unterschied, den wir zwischen dem Schwelgen in Erinnerungen und ihrem Wachrufen gemacht haben. Wir sagten, daß der Wert des Wiedererweckens von Erinnerungen darin liegt, daß auch die Vergangenheit bei der Beschäftigung mit der gegenwärtigen und zukünftigen Entwicklung einen Platz bekommt. Wenn Sie noch jung sind, denken Sie über Ihre jetzige Einstellung dem Alter gegenüber nach. Wie hängt sie mit den Gefühlen zusammen, die Sie für Ihre Eltern empfinden? Woran denken Sie, wenn Sie sich vorstellen, Sie würden ein Pflegeheim oder andere Einrichtungen für alte Menschen besuchen? Äußern Sie leicht stereotype Ansichten über das Alter, vielleicht in Form von Witzen? Was fühlen Sie, wenn Sie über sexuelle Beziehungen älterer Menschen nachdenken? Würden Sie sich freuen, ein Wochenende mit einem alten Menschen zu verbringen oder auf eine Reise mit ihm oder ihr zu gehen?
Wenn Sie in der Lebensmitte sind, kann das Nachsinnen über das Altern in Ihrer Familie genau zeigen, wie Sie das Älterwerden sehen. Spüren Sie dem nach, was jetzt in Ihnen aufsteigt. Vielleicht erkennen Sie, daß die Jugend mit ihren scheinbar grenzenlosen Möglichkeiten unwiederbringlich dahin ist. Sie haben unter Umständen schon schwierige Probleme hinter sich, eine Krankheit, eine Scheidung, die Sie an Ihre Grenzen, an die Sterblichkeit erinnern. Möglicherweise stellen Sie fest, daß Sie das negative Vorbild nachahmen, das Ihre alternden Eltern für Sie waren. Das könnte zum Beispiel darin sichtbar werden, wie Sie mit Ihrem Ärger umgehen. Das Bewußtsein, die Gewohnheiten der Eltern übernommen zu haben, ist der erste Schritt dazu, dieses Verhalten zu ändern.
In der Lebensmitte können Erinnerungen an die Familie auch Erinnerungen an Ihren Beruf wiedererwecken. Ist Ihre Arbeit zu

einem alten Trott geworden, voller Gleichgültigkeit und Langeweile? Fühlen Sie sich in einem sinnlosen Kreislauf gefangen, bei dem kaum Hoffnung besteht, daß sich vor dem Renten- oder Pensionsalter noch etwas ändert? Können Sie sich vorstellen, daß Ihre Arbeit Teil der persönlichen Entwicklung werden und zugleich zum Wohlergehen anderer beitragen könnte? Hat das Wiedererwecken der Vergangenheit zu einem Nachdenken über die Beziehungen zu den Menschen geführt, die Ihnen am nächsten stehen? Vielleicht haben Probleme in der Ehe oder ihr Scheitern Ihre Einstellung zum Altern beeinflußt. Nehmen Sie sich die Zeit, Freundschaften zu pflegen, die mit dem Älterwerden immer wertvoller werden? Möglich, daß die Erinnerungen an sehr alte Menschen in Ihrer Kindheit Gefühle hervorrufen, die Sie an die Verantwortung denken lassen, die Sie für Ihre Eltern haben, wenn sie sehr gebrechlich und alt sind.

Wenn Sie schon alt sind und sich mit Ihrer Einstellung gegenüber dem näherrückenden Tod und den Einschränkungen durch das Alter befassen möchten, werden Ihnen die Erinnerungen an Menschen helfen, die Sie in Ihrer Jugendzeit altern sahen. Wird das Alter mit seinen bedrohlichen Anzeichen zu einer Zeit der Niedergeschlagenheit und Flucht in die Vergangenheit? Oder sind Sie fähig, die Ängste und Schwächen des Alters zu meistern und auf sie einzugehen, damit Sie und andere das Beste daraus machen können? Wenn bei diesem Thema Gedanken aufsteigen, die Ihnen Mut verleihen, gehen Sie ihnen als einer Quelle der Inspiration eine Weile nach. Ist Ihr Alter eine einsame Wanderung an den Rand der Gesellschaft oder kehren Sie über Ihre Interessen und Tätigkeiten in die Mitte zurück? Wie könnten Sie sich in Ihrer Umgebung um einige der wichtigeren Belange der Menschheit kümmern? Vielleicht können Sie sich hier darüber klar werden, wofür Sie sich engagieren möchten, für den Frieden zum Beispiel, für Gerechtigkeit, für den Umweltschutz.

Der Sinn dieser Meditation liegt darin, vergebliches Schwelgen in der Vergangenheit in ein nützliches Wiedererwachen der Erinnerungen zu verwandeln. Wie können Sie aus Ihrer Vergangenheit Lehren ziehen, die Sie auf der Reise hin zu größerer Ganzheit mit

Mut erfüllen und Ihnen den Weg weisen? Wenn Sie die vergessenen Erinnerungen Ihres Lebens an das Älterwerden versammeln, stürmen vielleicht alle möglichen traurigen und fröhlichen Gefühle auf Sie ein. In der Schlußphase des Nachsinnens bleiben Sie ruhig sitzen und fassen die stärksten Bilder aus dieser Übung zusammen, die scheinbar negativen wie die positiven. Diese Bilder bringen Ihnen Energie. Sie können sie in der Meditation oder in Ihrem reflektierenden Tagebuch (siehe S. 12f.) von neuem durcharbeiten.

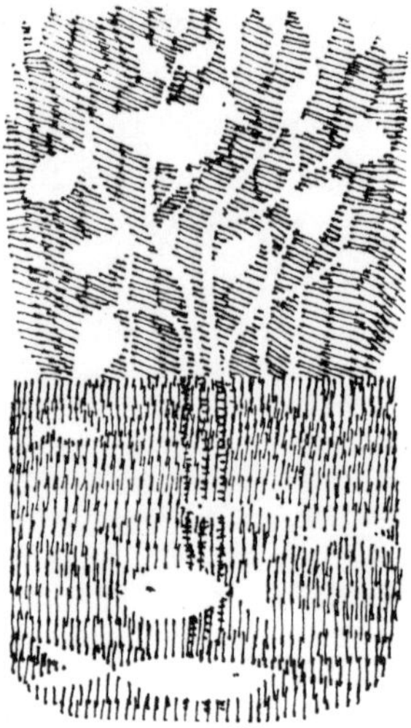

7
Die Natur wiederentdecken

Wenn wir unseren Platz in der Welt der Natur mit neuen Augen sehen, erlangen wir nützliche Einsichten in das Altern. In unserem Leben wirkt vieles zusammen, was uns den Rhythmen der Natur entfremdet. Während der letzten Jahrhunderte haben uns Wissenschaft und Technik viele Vorteile gebracht. Kulturell hochentwickelte Großstädte sind entstanden. In selbstgeschaffenen Maschinen schweben wir durch die Lüfte, rasen wir über die Autobahnen. Wohin wir im Alltag blicken, wir sind von erstaunlichen Werken der wissenschaftlichen Forschung und ihren Anwendungen umgeben: Computern, Radiologie, Laser, elektronischem Nachrichtenverkehr und anderen technischen Wundern – eine Liste dieser eindrucksvollen Errungenschaften würde einige Seiten füllen.

Die moderne Lebensweise hat die Menschen aber trotz aller genialen Erfindungen von den Wurzeln getrennt, die sie mit der Mutter Erde verbinden. Wir haben uns allmählich daran gewöhnt, uns für Wesen zu halten, die mit der Welt der Natur, der wir entstammen, nichts mehr zu tun haben. Wir Menschen fühlen uns zu Geschichte und Kultur zugehörig; alles, was nicht zur menschlichen Gattung gehört, rechnen wir der Natur zu, als wäre sie ein uns fremder Bereich. Wir gehen sogar so weit, die Natur für unseren Feind zu halten, weil ihre Rhythmen von Niedergang, Tod und Verwandlung unser Leben zu bedrohen scheinen. Weshalb können wir nicht wie die Maschinen und elektronischen Geräte sein, die wir uns geschaffen haben, nämlich dauerhaft, verhältnismäßig beständig und unsterblich? Viele Bücher über das Thema »langes Leben« scheinen von dieser Frage wie besessen.

Was hat nun die Entfremdung von der Natur mit unserem Altern zu tun? Sie begünstigt in uns eine angstbesetzte Haltung, die unsere natürlichen Lebensphasen und deren Ende verleugnet. Außerdem läßt uns die naturfeindliche Einstellung gegenüber den Bedürfnissen und der Schönheit der Erde und ihrer anderen Geschöpfe abstumpfen. Wir neigen dazu, mit einer Einstellung alt zu werden, die den Boden vergiftet, auf dem unsere geistige und materielle Welt wächst. Wir haben die Rolle von Wissenschaft und Technik erwähnt, die uns der Natur feindlich gegenüberstehen läßt, aber wir müssen noch andere wichtige Faktoren berücksichtigen, die uns dem Ökosystem entfremden. Es sind nicht nur die Naturwissenschaften, sondern auch die Geisteswissenschaften, die uns in eine sinnlose Feindschaft gegenüber der Welt der Natur drängen.

Die Mehrzahl der religiösen, philosophischen und literarischen Werke des Westens zeigen, daß wir den Lehren der Natur mit Feindseligkeit begegnen. Denken Sie nur an einige zentrale Aussagen des Christentums, wie es seit zweitausend Jahren allgemein gelehrt wird. Die weihnachtliche und österliche Botschaft besagt, daß uns ein Erlöser, der uns gleicht, vor den verheerenden Wirkungen der Natur schützen wird, mit denen sowohl der geistige Tod (die heidnischen Naturreligionen waren angeblich nicht in der Lage, den sündigen Wandel der Menschen zu ändern) wie der physische verbunden ist, und zwar durch die Auferstehung und das ewige Leben. Diese Sichtweise ist trotz der Versuche der modernen Theologie, sie zu korrigieren, noch tief in der Volksfrömmigkeit und Kultur verwurzelt. Da die Religionen und Philosophien oft auf unsere Sehnsucht nach einem ewigen Leben zurückgehen, sagen sie uns meistens das, was wir hören wollen. Den

Menschen fällt es sehr schwer, sich auf eine reife Art mit ihren zukünftigen Verfallserscheinungen, ihren nachlassenden Kräften und dem Tod zu befassen. Wir rufen ganz »natürlich« nach Erlösern von Jesus bis zu Sektenführern, die uns ein ewiges Leben versprechen.

Wir müssen hier zwei Korrekturen anbringen: Die Sehnsucht nach dem ewigen Leben muß uns nicht in eine umweltfeindliche Haltung führen. Außerdem hat eine sentimentale oder romantisierende Sicht der Natur ihre eigenen Fallgruben. Mystiker von Franz von Assisi bis Teilhard de Chardin konnten ihre Liebe für die Ordnung der Natur genau deshalb größer werden lassen, weil sie in ihr einen integralen Bestandteil des göttlichen Planes sahen. Bruder Esel und Schwester Mond wurden zu nahen Verwandten. Teilhards Sichtweise der Evolution sah die Natur in Gottes Zustand Omega verwandelt und geliebt. Interessant ist, daß diese Anschauungen einer Minderheit im Westen aus der Meditation über die Welt der Natur (Franz) und einer wissenschaftlichen Kontemplation der Welt (Teilhard) gewonnen wurden. Aus der Romantisierung der Natur wird allerdings leicht eine Flucht vor dem harten Gedanken an unsere Endlichkeit. Eine sentimentale Einstellung der Natur gegenüber vergißt, daß es im Tierreich sehr wohl Erfahrungen des Schmerzes und des Leids gibt. Diese betont optimistische Denkart versucht, uns über unsere Lage auf der Erde hinwegzutrösten: Störung und Schmerz werden für uns zu etwas Unwirklichem. Außerdem sind die sentimentalen Schwärmer nicht fähig, sich tief in die tragischen Aspekte der gesamten Schöpfung einzufühlen. Sie stellen sich auch gern einer weisen und seriösen wissenschaftlichen Erforschung der Natur entgegen.

Die Natur kann uns zeigen, wie wir in unserer begrenzten Lebensspanne Frieden finden. Wir sind ihr Produkt, erfreuen uns ihrer Segnungen, tragen zu ihrer Zukunft bei und machen mit unserem Abschied Platz für ihre anderen Kinder. Die Natur ist unsere Lehrerin im bittersüßen Leben. Wir fühlen uns in ihr tragisches Antlitz, in die Schmerzen, das Leid ihrer Geschöpfe ein. Wir werden sensibler für die Erfordernisse des Ökosystems mit seinen zahllo-

sen und meist empfindlichen gegenseitigen Verflechtungen. Wenn wir unsere Zusammengehörigkeit mit dem Schicksal der Meere, Wälder, Wettersysteme und unserer tierischen Verwandtschaft in der Tiefe verstehen, fällt es uns leichter, eine gerechte und fürsorgliche Ethik zu formulieren und sie mit unseren Mitmenschen zu leben. Entfremdung von der Natur ist das erste Anzeichen einer Feindschaft, die sich gegen Menschen anderen Glaubens, anderer Sitten und Denkweisen richtet. Wir betonen die Unterschiede und bauen feste Mauern, statt Brücken zu schlagen, die sich auf Gemeinsames gründen. Wenn wir alle einsehen würden, daß unsere menschlichen Feinde überall zu allererst Kinder der Natur sind, ihr Schicksal teilen und für ihre Zukunft verantwortlich sind, brächten wir vielleicht den guten Willen auf, der zu einem gerechten Frieden führt.
Eine Meditation über die Natur ist durchaus nicht überflüssig. Wir haben es mit einer Betrachtung zu tun, die für das schöpferische Altern und unser Verständnis von Ethik wesentlich ist. Der amerikanische Schriftsteller Henry D. Thoreau erkannte diesen Zusammenhang, als er in Walden in der Einsamkeit lebte. Der amerikanische Philosoph und Geistliche Ralph Waldo Emerson spürte die grenzenlose Verbundenheit mit dem Reich der Natur, die ihm zur mystischen Einsicht verhalf.

Suchen Sie sich einen angenehmen Platz im Freien, vielleicht in einem Garten oder Park. Schließen Sie die Augen, atmen Sie tief und langsam, halten Sie den Atem ein wenig an und lassen Sie ihn wieder ausströmen. Dabei machen Sie sich mit der schlichten, aber äußerst wichtigen Tatsache vertraut, daß Ihr ganzes Leben in jedem Augenblick eigentlich davon abhängt, daß Sie die Luft aus der Umwelt, der Natur einatmen, chemisch verändern und wieder ausatmen. Tauchen Sie mit Ihrer Empfindung in diesen kontinuierlichen Prozeß ein. Erkennen Sie, wie tief Sie schon mit Ihrer

Umgebung verbunden sind. Schauen Sie, wie die Sonnenstrahlen alles um Sie herum zum Leuchten bringen. Nehmen Sie das nicht als selbstverständlich hin, sondern denken Sie darüber nach, bewundern Sie das Werk der Sonne, ihr Leuchten, ihre Wärme, ihr Verwandeln. Denken Sie daran, daß wir und das Leben auf der Erde völlig von diesem Stern abhängig sind. Überlegen Sie auch, wie wunderbar der Vorgang des Sehens ist, wie komplex das Auge ist, wie sehr auf das Licht angewiesen. Von der Lebensmitte an befinden wir uns in einer besonders günstigen Zeit, um die verborgenen Tiefen unseres Bewußtseins zu erkunden. Bedenken Sie, daß wir sowohl physisch wie psychisch mit der Natur verknüpft sind. Wir tragen in unserem Körper Spuren von Mineralen, die den frühesten Explosionen entstammen, die unseren Planeten formten. In diesem Sinn sind wir so alt wie die Berge und Meere. Wir sind physisch eins mit dem Stoff des Universums.
Wenn Sie die Augen schließen und sich wieder auf Ihren Atem konzentrieren, denken Sie über Ihren Körper nach, diese wundervoll komplexe Schöpfung der Erde, eng verbunden mit dieser, aber durch Ihre Fähigkeit zu Reflexion und Selbstbestimmung auch unabhängig von ihr. Und doch ist selbst Ihr Denkvermögen, Ihr Bewußtsein ein Kind der Natur. Wir haben das Geheimnis der Evolution des Geistes noch nicht vollständig gelüftet, aber wir sollten schon jetzt in der Lage sein, unsere Verbundenheit mit allen Geschöpfen zu würdigen, die von einem Gehirn geleitet werden. Desweiteren wollen die tieferen psychischen Energien von uns beachtet werden (in der Sprache der Jungschen Psychologie Archetypen genannt), die in Träumen als Bilder, in der Kunst als Symbole auftauchen. Wir sind aufgefordert, den Dialog mit den Bildern und Symbolen unseres Inneren zu beginnen. Wenn wir mit Hilfe der Träume, des Symbolgehalts der Kunst bewußtere Fühlung mit diesen Kräften des Unbewußten aufnehmen, verstehen wir mehr und mehr, wer wir sind, erfassen wir immer tiefer das Reich der Natur, dem diese Wunder entstammen. Durch unseren Umgang mit den archetypischen Energien, der manchmal auch zu schmerzhaften Begegnungen führen kann, vervollkommnen wir den Entwicklungsprozeß in uns selbst im-

mer mehr. Geben Sie Ihrer meditativen Phantasie Raum, damit sie die Bilder aufnehmen kann, die aus dem physischen und psychischen Prozeß der Natur aufsteigen, die in Ihnen lebt.
Denken Sie zum Abschluß der Meditation darüber nach, wie wichtig ein tieferes Mitgefühl für die endliche Welt ist. Wenn wir durch die Übergangsstadien der Lebensmitte und des Älterwerdens gehen, wird uns die eigene Endlichkeit und Sterblichkeit stärker bewußt. Wenn wir ein Mitgefühl für unsere Mitmenschen, die Tiere, andere empfindungsfähige Geschöpfe und alle Seinsformen entwickeln können, lernen wir, die Welt zu lieben. Rufen Sie sich, aus diesem Mitgefühl heraus, alle jene vor Ihr inneres Auge, die Sie für Ihre Feinde halten. Ohne dabei die wesentlichen Streitpunkte mit diesen »Feinden« zu verleugnen, ob es sich nun um Menschen, Tiere oder andere Wesen handelt, konzentrieren Sie sich auf die gemeinsame Verbundenheit mit der Natur: wie wir alle dem Mutterschoß der Erde entstammen, wie wir alle darauf angewiesen sind, von der Natur erhalten zu werden, wie wir als komplexere Wesen auf Zuneigung, Zusammenarbeit und Respekt nicht verzichten können. Wir wollen als immer tiefer mitfühlende Kinder unserer elterlichen Erde altern und den jüngeren Menschen ein Vorbild an Einfühlung sein.

8
Die Erfahrung der Lebensmitte

Beginn und Ende der Lebensmitte sind nicht so einfach zu bestimmen. Wenn wir von einer typischen, vollen Lebensspanne ausgehen, meinen wir im allgemeinen die Zeit, die zwischen der Jugend und dem Alter liegt. Da die Lebenserwartung heute größer ist, können wir hier gut einen Zeitraum zwischen Vierzig und Sechzig ansetzen. Bestimmte charakteristische Ereignisse in diesem Zeitraum lassen uns den Begriff der Lebensmitte viel genauer verstehen, als wenn wir nur auf die Anzahl der Jahre sehen. In dieser Meditation wollen wir uns kurz einige der Herausforderungen ansehen und konkrete Schritte beschreiben, die wir in der Lebensmitte tun können, um ein schöpferisches Altern vorzubereiten.

Viele Probleme in der Lebensmitte gehen vor allem darauf zurück, daß uns der Tod näherrückt. Nicht nur der Tod ganz allgemein, sondern hauptsächlich unser eigener Prozeß des Sterbens, unser endgültiger Abschied. Während junge Menschen eher allgemein versuchen, zu eigenen Wertvorstellungen zu gelangen, beginnen wir, den Tod konkreter zu erfahren. Wir wissen, daß wir die Lebensmitte erreicht haben, wenn wir damit beginnen, die Jahre eher vom Ende als vom Anfang her zu zählen. Wir sind durchaus bereit, von der Geburt ausgehend zu rechnen, aber die Zählweise, die einen Wert für uns hat, berechnet die Jahre, die uns vor unserem unausweichlichen Kräfteverfall noch bleiben. Manche Menschen halten es für grausig und übertrieben, in der Lebensmitte an den Tod zu denken. Das Grausige können wir einen Augenblick beiseite lassen. Wir werden noch darauf zurückkommen, daß aus der Begegnung mit der Endlichkeit ein positiver innerer Antrieb entsteht. Es ist jedoch kaum übertrieben, wenn wir behaupten, daß die Wahrnehmung unseres Todes von zentraler Bedeutung für die Themen der Lebensmitte ist.

Die Sprache, mit der zur Zeit über die Jahre der Lebensmitte geredet wird, nimmt vielleicht keinen sehr direkten, nackten Bezug auf den Tod, konzentriert sich aber dennoch in der Hauptsache auf die physische wie psychische Sterblichkeit. Wir finden Hinweise auf das Gefühl, daß die Zeit begrenzt und die Jugend vergangen ist. Manche Menschen versuchen in der Lebensmitte, die Jugendfrische durch sportliche Betätigung zurückzugewinnen, andere wünschen sich neue Liebesabenteuer. Wieder andere sind zornig auf die Jugend und kritisieren ihre Unreife. Die Kritik ist gelegentlich berechtigt, läßt aber oft nur den Neid durchschimmern, den die Jugendlichen auslösen, einfach weil sie jung sind – der Tod noch sehr fern ist. Wenn Menschen in der Lebensmitte den Alten feindlich gesinnt sind, wollen sie sich vielleicht nur nicht der Angst stellen, die sie vor den eigenen Jahren des körperlichen und geistigen Abbaus haben. In der Lebensmitte kommt es auch zu verschiedenen Formen des psychischen Sterbens. Die Phantasien, die uns in der Kindheit und Jugend trugen, können ihre energiespendende Kraft verlieren. Der Tod dieser Tagträume, die uns zeigten, wie eine glückliche, erfolgreiche Zukunft aussehen könnte, vermag uns zum Nachdenken über die Endlichkeit anzuregen. Er kann uns den Anstoß geben, die Pläne zu überdenken, die wir für unsere restliche Lebenszeit skizziert haben. Wer einfühlsamer mit seinem Unbewußten in Kontakt ist, dem werden auch in Träumen ganz ähnliche Themen vor Augen geführt, über die Sterblichkeit und die Notwendigkeit, in neue Richtungen aufzubrechen.

Diese Überlegungen lassen deutlich erkennen, daß es in der Lebensmitte auf das Bewußtsein ankommt, vor einer neuen Situation zu stehen. Sie ist mehr als eine bloße Fortsetzung der Jugend, wie das Leben nach Erreichen des Wahlalters auch nicht nur eine stabile Zeit des gleichförmigen Erwachsenseins ist. Mit neuen Fragen prüfen wir alte Verhaltensweisen. Lang vergessene Themen aus tieferen seelischen Bereichen verlangen lautstark Aufmerksamkeit. Wir können nicht mit routinemäßiger Geschicklichkeit versuchen, die Sachen so in den Griff zu bekommen, als handle es sich bloß um technische Probleme. Wir sehen uns nämlich tieferen, komplexen Themen gegenüber, die sich einer raschen Lösung widersetzen. Und doch öffnen sich durch diese Aufgaben Wege, auf denen wir uns auf neue Reisen begeben können, die uns der Ganzheit näherbringen. Eine Reise muß mit ersten Schritten beginnen, und zwar jetzt, sonst bleiben wir dem alten Standort verhaftet. Wenn sich die Krisen der Lebensmitte in »Verkündigungsengel« verwandeln sollen, müssen wir willens sein, spirituelle Hinweise zu befolgen. Werfen wir einen Blick auf einige Schritte dieses Unterfangens, das für uns zu einer abenteuerlichen Entdeckungsfahrt werden kann.
Da viele Fragen der Lebensmitte entstehen, weil wir unsere Sterblichkeit begreifen, könnten wir damit beginnen, daß wir uns konkret mit diesem ganzen Themenkreis befassen. Manche wollen sicher mit einer Lektüre anfangen, die das Nachdenken anregt. Wir könnten uns direkt die neuerdings reichhaltige Literatur über den Tod und das Sterben ansehen, wie auch die philosophischen, religiösen und psychologischen Werke, die das Thema aufgreifen. Wir können auch einen indirekten Weg einschlagen und Biographien oder gute Romane lesen, die uns möglicherweise eher packen und unser Interesse wachhalten. Menschen, die uns begeistern, zeigen uns mit ihrem Leben, wie sie schwierige Übergangszeiten der Lebensmitte gemeistert haben. Sie erwecken in uns die Hoffnung, daß unsere Veränderungen ebenfalls zu positiven Ergebnissen führen.
Ein anderer Weg, den Prozeß selbst einzuleiten, besteht darin, auf meditative Weise ein Tagebuch zu führen. Die beiden Elemente,

die Zeit des Nachsinnens und das Schreiben des reflektierenden Tagebuchs, können sich gegenseitig verstärken. Wenn wir uns darauf eingelassen haben, unsere Gedanken niederzuschreiben, mögen wir eher geneigt sein, uns bestimmte Zeiten für die Meditation offenzuhalten. Und das Niederschreiben wird wiederum zu weiterem Nachdenken anregen, neue Einsichten über das hinaus bringen, was wir in der eigentlichen Meditation erkannten. Die einfachen Meditationstechniken dieser Übungen können mit dem Nachdenken in Tagebuchform verbunden werden. Die oben erwähnte Lektüre wird ebenfalls zu neuen Gedanken anregen. Eine Lebensbeschreibung dieser Art sollte mehr als ein gewöhnliches Tagebuch mit seinen Aufzeichnungen der alltäglichen Vorkommnisse sein. Die tieferen Fragen und die mit ihnen verbundenen Emotionen müssen angesprochen werden.

Das Tagebuch, das die Gedanken festhält, kann sehr gewinnen, wenn wir auch unsere Träume aufschreiben und aus ihnen lernen. Die reichhaltige, oft auch verwirrende Welt der Träume wird uns gewöhnlich mit Hilfe einführender Literatur, durch Beratung oder eine Gruppe, in der man seine Träume austauscht, besser zugänglich. Träume sind ein Tummelplatz für den Geist, der in diesem Fall nicht unter der direkten Aufsicht des Wachbewußtseins steht. In der Entspannung des Schlafes schenkt uns die Phantasie Symbole und Handlungsabläufe, die unserer Selbsterkenntnis wichtige Fingerzeige geben. Wenn wir lernen, einige der geheimnisvollen Bilder zu enträtseln, entdecken wir unterschiedliche Ängste oder widersprüchliche Situationen, deren Spannungen verborgene Aspekte unserer geistigen und emotionalen Prozesse offenbaren. Der Gefühlston, der mit der Traumgeschichte verbunden ist, wird besonders bedeutsam, da er auf unsere unbewußten Bedürfnisse und Wünsche hinweist. Die Traumarbeit läßt nicht nur unsere inneren Kämpfe sichtbar werden, sondern kann uns auch Wege erschließen, die zur seelisch-geistigen Ganzheit führen. Träume heilen so die seelischen Wunden, schaffen einen Ausgleich und bereiten der Entwicklung der Persönlichkeit den Weg. Die Lebensmitte bietet aus zwei Gründen besonders reichlich Gelegenheit, Träume zu erforschen. Zum ersten hat uns das Leben

ausreichend auf die Probe gestellt und maßvoll werden lassen, was uns die Wahrnehmung unserer psychischen Schwächen erleichtert. Wir erkennen unser Bedürfnis, ein tieferes, lohnenderes Leben zu führen. Zum zweiten ist unsere Ich-Identität genug gefestigt und kann die anstrengende Prüfung der Traumdeutung ertragen, ohne sich verteidigen und den Prozeß behindern zu müssen. Wir blicken auf eine längere Geschichte zurück, die wertvolle symbolische Hinweise enthält, wie wir uns verhalten können, uns selbst, anderen und der Natur gegenüber.
Die Bereitschaft, in der Lebensmitte die Forschungsreise in das Selbst anzutreten, macht uns fähig, in der Außenwelt neue Schritte einzuleiten, die ein erfolgreiches Altern ermöglichen. Wir können uns über die persönlichen und gesellschaftlichen Dimensionen des Alterns weiterbilden. Vielleicht erlauben uns der Beruf, die Stellung in sozialen oder kirchlichen Institutionen, Lehrveranstaltungen zum Thema Altern auf allen Ebenen zu fördern. Dann interessieren wir uns vor allem dafür, in welcher Lage sich die ältere Bevölkerung in unserem Ort befindet, wie sie sich zusammensetzt, wie ihr Lebensstandard aussieht, welche besonderen Bedürfnisse sie hat. Wir wollen wissen, wie gut die Dienstleistungen, die verschiedenen Zentren für die Alten sind, und in unserer Region mit den Erkundigungen beginnen. Gibt es ausreichend Möglichkeiten, sich über das Altern zu informieren und beraten zu lassen, auch für die Alten? Wir werden uns nicht nur um die Menschen in der Lebensmitte und ihre Bedürfnisse nach Weiterbildung kümmern, sondern auch um die Lage der Alten. Hier stehen unserem Engagement viele Möglichkeiten offen: Gesundheitsfürsorge, Essensdienste, Rechtsberatung, Fahrdienste und sichere Wohnverhältnisse für die Alten schaffen. Wenn wir mehr über die realen Verhältnisse wissen, werden wir uns vielleicht auch mehr um die alten Menschen kümmern, die ihre Heime nicht mehr verlassen können, weil sie zu gebrechlich sind, oder weil sie dort festgehalten werden. Wenn wir selbst gebrechliche Eltern haben, werden uns die speziellen Probleme dieser großen Gruppe von Menschen rasch bewußt. Da wir keine Angst mehr vor dem Alter haben und es nicht verdrängen, sind wir bereit, den Alten

behilflich zu sein, die wir früher wegen ihrer Gebrechen möglicherweise ablehnten.
Die Änderung unserer Einstellung in der Lebensmitte kann dazu führen, daß sich unsere persönlichen Prioritäten noch weiter verschieben. Das Interesse für die Bedürfnisse alternder Menschen macht uns bewußt, wo unsere gesellschaftlichen Aufgaben in der Lebensmitte liegen. Wir fühlen uns aufgerufen, akute Probleme der Menschheit in die Hand zu nehmen. Wir werden einsichtiger und erleben eine Wandlung, in der die kleinen, privaten Ziele der Jugend einem Engagement weichen, bei dem es um höhere menschliche Werte geht. Wir lassen eine Form der Ich-Bezogenheit hinter uns, die keine Selbstprüfung kennt, und bewegen uns auf ein neues Selbstbild zu, das auf unserer inneren Reise an Klarheit gewinnt. Wir werden so immer mehr zu wahren Weltbürgern, die sich der besonderen Bedürfnisse der Erde bewußt sind. Kreatives Altern beginnt mit diesen Übergängen und Wandlungen der Lebensmitte, die dazu führen, daß wir ein allumfassendes Bewußtsein entwickeln. Wir sind weiterhin für die unmittelbaren Bedürfnisse unserer Familien, die alltäglichen Aufgaben verantwortlich. Aber wenn wir wirklich in die Fülle des Alters hineinwachsen, werden wir bestimmte gesellschaftliche Fragen aufgreifen und uns für Frieden, Gerechtigkeit und Menschenwürde einsetzen.
Es kann sich da um ein Engagement in der engeren Umgebung handeln, um Programme für notleidende Kinder, Obdachlose, Arme, Kranke oder Strafgefangene. Der gesellschaftliche Einsatz kann auch ökologischen Fragen gelten, die von der Umweltverschmutzung über Giftmüll bis zu den Gefahren der Kernkraft reichen. Andere mögen sich auf die weltweiten Probleme der Menschenrechte konzentrieren, für die sich Organisationen wie Amnesty International einsetzen. Dann gibt es die Fragen der Gewalt im In- und Ausland, und wie diese Konflikte gelöst werden können. Man kann sich hier auf vielfältigste Art engagieren. Dabei kommt es nicht nur auf die geistige Auseinandersetzung an, sondern vor allem auf den persönlichen Einsatz für einige wenige sorgsam ausgesuchte gute Ziele. Die Reife der Lebensmitte hat

keinen Platz für die idealistische Haltung vieler junger Menschen: wenn wir keine vollkommene Welt schaffen können, unternehmen wir auch keine Schritte, die zu einer besseren führen könnten. Wer sich in der Lebensmitte gewandelt hat, kann keine beliebige Wahl mehr treffen, wo er sich sozial engagieren möchte. Sein Engagement ist Teil seines Weges hin zu einem erfüllten, der Allgemeinheit verpflichteten Alter.

*

Lassen Sie sich von Ihrer Atemübung mit ihren langsamen, rhythmischen Wellenbewegungen zu den tieferen Quellen Ihrer Lebenskraft tragen. Beim Atmen stellen Sie sich vor, wie die Lungen den Sauerstoff sammeln. Denken Sie an das Herz, wie es das Blut mit den Nährstoffen zu den Zellen bewegt, an die Venen, die das verbrauchte Blut zurücktransportieren, damit es wieder Sauerstoff aufnehmen kann. All diese und die anderen Organsysteme arbeiten auf wunderbare Weise mit dem Gehirn und dem Nervensystem zusammen. Wir müssen den Weg nach innen gehen, um uns in unserer Leiblichkeit zu entdecken, und wenn wir unser seelisch-geistiges Selbst finden wollen, müssen wir uns in der Lebensmitte auf eine Reise begeben, die ebenfalls nach innen führt. Die Äußerungen dieser seelisch-geistigen Persönlichkeit sind genauso komplex wie die des Körpers. Die Vorgänge im Inneren des Körpers sind ein guter Fingerzeig, der uns auf zentrale Probleme unseres Seelenlebens in den mittleren Jahren aufmerksam macht. Wie großartig doch das Netz von Körperfunktionen ist, das von Augenblick zu Augenblick das Leben vor dem Tod bewahrt! Jetzt, da die Illusionen jugendlicher Unsterblichkeit zerstoben sind, hält die Reise nach innen die grundlegende Erfahrung der Lebensmitte für uns bereit, daß wir nämlich endlich und sterblich sind. Sie können sich dem Thema nun ohne Zaudern nähern, da Sie wissen, daß Kreativität im Alter möglich ist, wenn Sie sich dem Kerndilemma stellen.

Der Weg nach innen endet sicher nicht in einer Sackgasse. Wenn Sie anfangen, auf vergessene Stimmen aus dem Unbewußten zu hören, werden Sie immer mehr Mut bekommen, so daß Sie Ihre Angst vor dem Tod loslassen können. Denn diese Stimmen sprechen in überzeugender Weise von einer anhaltenden Güte, einer elementaren Schönheit der Liebe, in der Sie empfangen wurden. Diese Äußerungen des Inneren werden häufig als spontane Einsichten erlebt, die uns auf eine Weise einfallen, die der gewöhnliche Verstand nicht zu kennen scheint. Wenn Sie ausatmen, überlassen Sie sich vertrauensvoll dieser Welt der Wahrheit und Liebe, die Sie trägt. An diesen inneren Quellen werden Sie die Wasser des Mutes und der Hoffnung trinken. Mit ihrer Hilfe werden Sie die Prüfungen der Lebensmitte bestehen, gereinigt und geöffnet für ein Altern, in dem sich die Kreativität ausweitet.

Während Sie diesen Gedanken nachgehen, formen Sie in der Phantasie eine Silhouette vor sich selbst, die sich durch einen Tunnel im Innern bewegt. Wenn Sie sich dem Leben am Ende des Tunnels nähern, nimmt Ihr frisch verwandeltes Bild der Körper-Person an Größe zu. So wie der lichtvolle Ausgang beim Näherkommen größer wird, so weitet sich auch Ihr Bild, die durchscheinende Silhouette aus. Wenn Sie aus dem Tunnel im Inneren in das Licht der Welt treten, stellen Sie fest, wie Ihr sich weitendes Wesen die kämpfende, leidende Welt in einem neuen Geist des Mitfühlens und des Engagements umarmen will und auch dazu fähig ist. Bevor Sie auf die Reise nach innen gingen, war Ihre Körper-Person kleiner, physisch begrenzter, schützte sich, wappnete sich gegen eine bedrohliche Welt. In der Lebensmitte hat Ihr ganzes Wesen eine Befreiung gefunden. Sie können die Welt nun in einem umfassenderen Geist lieben und ihr dienen. Dieser Geist wird auf andere ansteckend wirken.

Wenn Sie Ihre Meditation beschließen, erinnern Sie sich daran, daß Sie immer zu den inneren Quellen erleuchteter Stärke zurückkehren können. Suchen Sie sich eine Aufgabe in der Gesellschaft, für die sich Ihrer Meinung nach ein Engagement besonders lohnt. Konzentrieren Sie sich auf sie, lassen Sie die entsprechenden Szenen vor Ihrem inneren Auge entstehen. Wenn Sie spüren, daß Sie ausreichend Fühlung mit diesem sozialen Problem aufgenommen haben, stellen Sie sich wieder Ihr weitgewordenes Selbst vor, wie es aus dem Tunnel auftauchte. Dieses vergeistigte Bild Ihrer selbst geht auf das Problem zu. Sie sehen realistisch, wie vielschichtig es ist, und bieten keine Zauberlösungen an. Ihr Bild kann sich jetzt aber tief in das Leid oder die gefahrvolle Lage einfühlen, während Sie nach Schritten suchen, die einen Ausgleich schaffen können. Das Problem als solches läßt sich vielleicht lange Zeit nicht bewältigen, aber Sie bemerken in sich eine Veränderung. Sie altern mit einem menschlicheren, sich weitenden Geist, bewegen sich aus der Lebensmitte auf das Alter zu. Der innere Weg führt Sie mit frischer Phantasie und neuem Engagement nach außen.

9 Vorbereitung auf das Alter

Es ist schwer, in einer Gesellschaft alt zu werden, die auf die jungen Menschen ausgerichtet ist. Alten Menschen fällt es da schwer, einen gewissen Abbau körperlicher Leistungsfähigkeit zu ertragen. Eine altersfeindliche Umgebung fügt den alten Menschen psychische Wunden zu. Wenn sich auch viele bis ins achte oder neunte Jahrzehnt hinein einer guten Gesundheit erfreuen, so erleben andere alte Menschen eine Verschlimmerung chronischer Krankheiten, oder es treten neue Gebrechen auf. Wir müssen hier zwischen den selbständigen und aktiven älteren Menschen, die sich bemühen, die Gebrechlichkeit zu meistern, und der großen Zahl jener unterscheiden, die durch ihre schlechte Gesundheit eingeschränkt sind. Bei den Menschen über sechzig sind die ersteren sicher in der Überzahl, doch die andere Gruppe nimmt deutlich zu. Wir dürfen sie in einer realistischen Meditation über das Alter nicht vergessen. Wenn wir die positiven Möglichkeiten der Alten betrachten, können wir die Tatsache nicht übersehen, daß ernsthafte Gebrechen , die oft von Schmerzen und Mattigkeit begleitet sind, uns dazu bringen, die Welt enger zu sehen, das Interesse am Leben zu verlieren. Unsere geistige Einstellung ist sehr von unserem körperlichen Wohlbefinden abhängig. Nicht nur die akuten

Gebrechen, auch die Furcht vor zukünftigen schmerzlichen Einbußen wie dem Nachlassen des Gedächtnisses oder der Kontrolle körperlicher Funktionen belastet die Gedanken alter Menschen. Auf einer anderen, aber nicht weniger wichtigen Ebene kann für manche Menschen die einfache Tatsache, alt und schwächlich auszusehen, eine schwere psychische Belastung sein.

Alten Menschen setzt nicht nur die eigene Hinfälligkeit zu, sie bleiben auch von anderen wesentlichen Verlusten nicht verschont. Freunde und Kollegen erkranken und sterben. Der Verlust des Ehepartners kann die Lebenseinstellung tiefgreifend verändern. Die Tatsache, daß der eigene Tod näherrückt, deprimiert viele, besonders jene, die ihr in der Lebensmitte ausgewichen sind oder sie verdrängten. Todesanzeigen erinnern die alten Menschen ständig daran, daß ihre Altersgenossen sterben, ein Zeichen, daß der eigene Tod nicht mehr weit ist. Zu diesen Belastungen kommt noch der Abschied von einem Leben der aktiven Arbeit, der noch zu vielen Alten das Gefühl gibt, nutzlos und wertlos zu sein und abgelehnt zu werden. Das ist leider noch so häufig der Fall, daß das Thema des Ruhestands, die Abhängigkeit der Selbstachtung von einer Rolle in der Arbeitswelt eine eigene Meditation erfordern. Bei einer unsicheren Lage der Wirtschaft ist der Beginn des Ruhestands für viele Menschen mit finanziellen Sorgen verbunden. Wenn wir mehr Zeit für einen Rückblick haben, fragen wir uns, ob es sich lohnte, so viel Zeit in unsere beruflichen Tätigkeiten zu investieren. Alte Menschen fühlen sich entmutigt, wenn sich zeigt, daß sie ihre Ziele nicht erreicht haben, oder daß sie, wenn sie erreicht wurden, die Mühe nicht wirklich wert waren. Bei dem Gefühl des Versagens schwingt noch etwas anderes mit: die Menschen spüren, daß sie die verlorene Zeit nicht länger dadurch wiedergutmachen können, daß sie etwas Neues wagen. Vielleicht werden sie auch heftig von einem Schuldgefühl gequält, weil sie glauben, die Zeit nicht klug genützt zu haben. Sie resignieren, leben nur halb, trödeln herum, haben kaum noch Interessen und sind nicht mehr für Wagnisse zu begeistern.

Dieses Bild mag düster wirken, aber unserer Ansicht nach ist es wichtig, sich mit diesen negativen Gegebenheiten des Alters zu

befassen. Es hilft nichts, wenn wir uns unrealistisch mit dem Alter auseinandersetzen. Wenn wir jetzt Schritte einleiten können, die ein kreatives Alter ermöglichen, müssen wir von einer realistischen Sicht der Probleme des Alterns ausgehen. Wenn wir alte Menschen betrachten, die gelernt haben, über die Verfallserscheinungen hinauszuwachsen, stellen wir fest, daß sie sich den Schwierigkeiten des Alterns ohne Wimpernzucken gestellt haben. Sie lernten Grenzen der Gesundheit und finanzielle Einschränkungen kennen und waren doch fähig, die ihnen verbleibende Zeit für die eigene Entfaltung und zum Besten anderer zu nutzen. Sie haben aus erster Hand erlebt, wie es mit dem Körper bergab geht, wie die Vorurteile unserer Welt diesen Prozeß auf beleidigende Weise erschweren. Und doch haben sie den Abstieg in einen geistigen und menschlichen Aufstieg verwandelt.
Die Erfahrung der Einschränkung kann zu einer Schule der Demut und Wahrheit werden. Demut hat nichts mit der oben erwähnten Selbstherabsetzung und Verzweiflung zu tun. Diese Tugend steht vielmehr für die gelebte Einsicht in die Dinge, wie sie wirklich sind. Einerseits ist in der Demut kein Platz für die illusorische Ich-Inflation, jenen vergeblichen Versuch, mit dem wir uns Unsterblichkeit gewinnen und uns über andere erheben wollen. Andererseits ist die Demut die Schwester der Wahrheit, weil sie uns die falschen Erwartungen abgewöhnt, die wir an das Leben stellen. Demütige Menschen sind dankbar. Sie setzen die Welt nicht herab, weil sie unsere falschen Erwartungen nicht erfüllt hat, und sind voller Dankbarkeit für alle Segnungen in diesem schönen, aber endlichen Dasein. Die Wahrheitsliebe erlaubt diesen Menschen, der Gewißheit des Todes frei von übertriebener Angst ins Auge zu blicken, ohne die Flucht in die Ablenkung zu ergreifen.
Wenn alte Menschen der Wahrheit über sich selbst Raum geben, ziehen sie sich nicht aus der Welt zurück, weil sie unvollkommen ist oder sie sich ungerecht von ihr behandelt fühlen. Die alten Menschen, die um Demut und Wahrheit wissen, können den Mund aufmachen und voller Wagemut gegen Ungerechtigkeiten und andere Übel in der Welt angehen, da sie ihre Hoffnung nicht

mehr in vergängliche Ehren und unrealistische Erwartungen setzen. Es ist ihnen nicht länger wichtig, auf Nummer Sicher zu gehen. Wahrheitsliebende alte Menschen sind außerdem in der Lage, andere aus ihrer Weisheit heraus zu beraten. Wenn wir nämlich in der Schule des Alters mit seinen Einschränkungen demütiger und wahrhaftiger geworden sind, können wir uns ernsthaft in die geistigen und körperlichen Schmerzen der anderen einfühlen, weil wir die Schmerzen selbst erlebt haben. Diese Einfühlungsgabe stärkt die Selbstachtung, läßt uns die anderen mehr respektieren. Wir achten andere, wenn wir ihren Wert anerkennen, der darin liegt, daß sie von uns unabhängig und verschieden sind. Wir können zu ihrem Wohlbefinden beitragen, ohne sie zu Werkzeugen unseres falschen Ehrgeizes zu machen.

Die älteren Menschen, die in Demut wahrhaftig sind, weil die Einschränkungen sie Weisheit gelehrt haben, können sich einem intensiveren Leben öffnen, in dem sie sich mitfühlend für die Menschheit einsetzen. Ein hohes Ideal für das Alter: aufrichtig sich selbst gegenüber zu sein, um in selbstloser Fürsorge anderen die Hand zu reichen. Diese Sicht des Alters hält nichts vom heute gängigen Klischee, daß alte Menschen nur noch mit ihren eigenen Dingen beschäftigt sind und die großen gesellschaftlichen Fragen der Menschheit von den jüngeren Generationen lösen lassen. Im Gegenteil, die wirklich spirituellen alten Menschen lieben die Welt mit all ihren Aspekten, von den sinnlichsten bis zu den geistigsten. Sie sind jetzt fähig, mit der Menschheit und selbst der Erde mitzufühlen, weil sie aufgrund des Alterns sowohl die Grenzen wie die Verheißung des Daseins erfahren. Die Fürsorge, um die sie sich bemühen, ist selbstloser, da sie Frieden mit ihrer eigenen Endlichkeit geschlossen haben. Sie sind nicht mehr auf die Welt angewiesen, müssen nicht länger mit ihrer Hilfe das Ich stärken und die Augen vor der Sterblichkeit verschließen. Diese alten Menschen werden Schritte unternehmen, die sie wieder mit den großen, konfliktgeladenen Themen in Kontakt bringen: mit Krieg und Frieden, Hunger und Sättigung, Ungerechtigkeit und Gerechtigkeit, Vorurteil und Aussöhnung, Unwissenheit und Bildung, dem Erwerb von Fähigkeiten.

Es gibt viele Vorbilder für ein so gelebtes Alter, nehmen wir nur das Beispiel des Theologen und Arztes Albert Schweitzer. Diesen Typ des einfühlsamen, fürsorglichen alten Menschen, der sich weise und selbstlos der leidenden Welt annimmt, finden wir nicht nur unter Berühmtheiten, die zur Lösung großer gesellschaftlicher Probleme beitrugen. Die gleiche Hingabe an die Welt kann sich auch auf ganz unspektakuläre Weisen äußern. So können ältere Menschen, deren Energie nachläßt, einem Kind, das einer weniger gut gestellten Minderheit angehört, Nachhilfestunden geben. Sie können sich mit Briefen um die Freilassung von Menschen bemühen, die aus Gewissensgründen ins Gefängnis gegangen sind. Hier haben wir es mit alten Menschen zu tun, deren Mitgefühl ständig wächst, die helfen wollen. Beispiele für diese Haltung gibt es unzählige; wichtig ist jedoch, daß wir die dahinterstehende geistige Haltung wirklich erfassen.

Wenn diese Beschreibung einer Geistigkeit, die sich der Welt öffnet, auf ein Hauptthema des Alters hinweist, so ist die Frage, welche Schritte wir jetzt in diese Richtung tun können. Die meisten Punkte, die in der letzten Meditation über die Lebensmitte angeführt wurden, lassen sich auch auf das Alter übertragen Dazu gehören Lektüre, Meditation, die Gedanken in einer Art Tagebuch festhalten, Gespräche in Gruppen und Engagement für soziale Fragen. Das Altern mit seinen spezifischen Problemen erfordert jedoch bestimmte Schritte, wenn wir die oben skizzierten Möglichkeiten einer inneren und äußeren Entwicklung verwirklichen wollen. Besonders hilfreich für alternde Menschen wäre eine Art beratende Vorbereitung auf den Ruhestand. Diese Beratung könnte alle, die sich zur Ruhe setzen, systematisch mit den emotionalen und gesellschaftlichen Problemen vertraut machen, die entstehen, wenn wir nach vielen Jahren, in denen die Arbeit im Mittelpunkt des Lebens stand, diese Welt hinter uns lassen. Spezielle Programme für einzelne wie für Familien, könnten neue Wege aufzeigen, wie sich Fachkenntnisse und Interessen anders verwerten lassen. In solchen Beratungen, die für einzelne oder in gruppentherapeutischen Sitzungen abgehalten werden können, sind auch die neuen Familienstrukturen, die sich aufgrund des Abschieds von traditionellen Rollen am Arbeitsplatz ergeben, ein Thema. Männer und Frauen werden neue Möglichkeiten überdenken wollen, wie sie ihre Tätigkeiten zuhause und draußen untereinander aufteilen. Zum Beispiel kann eine ältere Frau, die eine Familie großzog und die Karriere des Mannes aktiv unterstützte, den Wunsch haben, sich draußen in der Welt mehr zu engagieren. Nach dem Eintritt in den Ruhestand können auch veränderte finanzielle Verhältnisse oder gewisse gesundheitliche Probleme zu einem Umdenken führen. Das oben skizzierte Ideal für ein kreativeres Alter muß an die neuen Bedingungen des Ruhestands angepaßt werden. Es wird abstrakt bleiben, wenn es nicht auf die Wirklichkeit jedes einzelnen abgestimmt wird.

Wenn verstanden ist, wie diese Idealvorstellung im Hinblick auf die individuellen Bedürfnisse, Talente und Interessen persönlich gestaltet werden muß, können andere Schritte eingeleitet werden, die die Stellung der älteren Menschen stärken. Einige werden vielleicht Institutionen unterstützen wollen, die die Lebensqualität der Alten heben möchten. Zu diesen Organisationen können Seniorenzentren gehören, an denen in Zusammenarbeit mit Hochschulen, die Wesentliches in der Altersforschung leisten, umfassende weiterbildende Kurse und gesellige Veranstaltungen angeboten werden. Wer weiß, wie gut psychologische Beratung und Gesprächsgruppen für ältere Menschen sein können, wird seine Energie einsetzen, um Gelegenheiten zu schaffen, damit auf diesem ganz wichtigen Gebiet weitergearbeitet wird. Gerade hier ist in den späteren Jahren neuer Sinn zu finden, lassen sich Hoffnung und Begeisterung wecken. Ältere Menschen, die für die Kirche gearbeitet haben, können prüfen, was religiöse Einrichtungen den Alte zu bieten haben. Stellen die Kirchen, die sich vor allem um bedürftige alte Menschen kümmern sollten, ihre Einrichtungen und Mittel zur Verfügung? Beziehen die Glaubensgemeinschaften die Alten auf jeder Ebene mit in Gottesdienste, Andachten, Verwaltung und Dienstleistungen ein? Die ans Haus Gefesselten, Gebrechlichen und Behinderten bedürfen besonderer Fürsorge. Manchmal muß auf verschiedene Weise direkt materiell geholfen werden, andererseits sind Freundschaften und Anteilnahme genauso wichtig.

Über die direkte Hilfe für Alte hinaus gibt es unendliche Möglichkeiten für alte Menschen, eine Gemeinschaft der Alten in der Welt zu verwirklichen. Wenn wir von dem Ideal ergriffen sind und bewegt werden, daß das Alter eine Zeit ist, in der wir gemeinsam an der Weisheit teilhaben, in der wir anderen voller Mitgefühl dienen, können wir im Alter auf die unterschiedlichsten Weisen daran arbeiten, daß unsere tiefsten ethischen und moralischen Überzeugungen konkrete Gestalt annehmen. Dieses im Alter zentrale Thema kann ganz verschieden angegangen werden: indem wir uns um die Verständigung der Völker bemühen, für die Einhaltung der Menschenrechte auf der Welt einsetzen, für die Abschaffung der Atomwaffen eintreten. Das sind nur einige Beispiele wichtigen und sinnvollen Engagements zum Besten der Menschheit. Wenn wir im Alter solche Ziele anstreben, werden wir uns auf eine Weise menschlich entfalten, die unseren Möglichkeiten zutiefst entspricht.

Wenn Sie über das Thema nachsinnen, machen Sie zunächst an einem ruhigen Platz einige Atemübungen. Wenn Sie etwa zehn Atemzüge gemacht haben, stellen Sie sich vor, wie Sie als älterer Mensch aussehen, auch wenn Sie schon nicht mehr ganz jung sind. Es kommt darauf an, daß Sie es sich mit allen Veränderungen der Haarfarbe und des Gesichts vorstellen. Vielleicht gehen Sie ein wenig langsamer und halten sich nicht mehr ganz so aufrecht wie früher. Sie stehen kurz vor dem Eintritt in den Ruhestand oder haben sich schon zur Ruhe gesetzt. Sie wollen Ihre meditative Aufmerksamkeit auf die kreativsten Möglichkeiten konzentrieren, die Ihnen im Alter offenstehen. In dieser Meditation wirken drei Stadien zusammen und bilden ein dynamisches Ganzes: echte Begegnung, inneres Wachstum und Hingabe nach außen. Es kommt nicht darauf an, sich auf geradem Weg von einem zum anderen zu bewegen. Die drei Stadien stehen vielmehr

die ganze Zeit in einer schöpferisch gespannten Wechselbeziehung.
Richten Sie Ihre Aufmerksamkeit wieder still auf die Rhythmen Ihres Atems. Lassen Sie ein paar Minuten lang alle Worte oder Bilder, die von selbst kommen mögen, unbeachtet. Konzentrieren Sie sich so gut wie möglich auf den Atemvorgang. Spüren Sie, wie sich der Körper beim Ein- und Ausatmen verändert, wie sich Brust und Bauch weiten. Achten Sie leise auf die Sinneswahrnehmungen, die Geräusche des ein- und ausströmenden Atems, den Klang des Atmens, auch auf mögliche Muskelverspannungen, oder wo es Sie beim Sitzen drückt. Diese Übung des »leeren Geistes« wird Sie nach ein paar Minuten über die gewöhnliche Ich-Abwehr mit ihren rationalen Vorstellungen hinausführen. Sie lassen die geistigen Konstruktionen hinter sich und wenden sich den drei Stadien dieser Betrachtung zu. Sie sind bereit, den tieferen Stimmen Ihrer Seele zu begegnen.
Wenn Sie soweit sind, stellen Sie sich Ihr älteres Ich vor, das sich dem schrecklichsten und schwierigsten Verlust, den das Alter bringen kann, gegenübersieht. Für manche ist das der Verlust des Partners, für andere handelt es sich um bestimmte Gebrechen oder die Entmündigung. Was auch kommt, lassen Sie es tief in Ihrem stillgewordenen Bewußtsein ruhen. Bleiben Sie bei den Bildern, ohne sie abzuwehren, auch wenn sie bestürzend sind. Die beunruhigenden Verluste im Alter scheinen vielleicht zu negativ, um mit ihnen diese Meditation beginnen zu können. Das erste Stadium führt Sie jedoch an einen wesentlichen Augenblick der Wahrheit heran. Sie lassen zu, daß die harte Realität Ihrer Endlichkeit und Grenzen die illusorischen Phantasien überwindet, hinter denen wir uns vor der Wahrheit verstecken. Die Wirklichkeit unserer Lage führt uns nach innen, um die Quellen der Kraft und Erneuerung zu entdecken.
Das zweite Stadium der Meditation, das der Innerlichkeit, hat schon damit begonnen, daß wir durch die äußere Schicht der ruhelosen Gedanken dringen und zulassen, daß wir uns unsere Lage in ihrer ganzen Wirklichkeit vorstellen. Wir sind jetzt bereit, demütig die Lehren aus dem Inneren anzunehmen, die uns die Wahr-

heit über uns selbst zeigen. Wenn wir ernsthaft lauschen, werden wir schließlich bis jetzt nie vernommene Stimmen aus dem Inneren hören, die uns versichern, daß wir einen Anfang auf dem richtigen Weg gemacht haben. Wenn wir uns den Ängsten vor dem Alter stellen, werden diese Feinde zu Freunden. An einem bestimmten Punkt nehmen sie uns an der Hand und führen uns zur einzigen Wahrheit, die uns aus der lähmenden Angst befreien und zeigen kann, was Mitfühlen mit sich selbst und anderen bedeutet. Dann kommt es zu einer neuen Art von Achtung vor allem Leben, die uns nach außen ins soziale, ethische Engagement führt.

Im dritten Stadium stellen Sie sich vor, wie Sie als alter Mensch an einem hohen Ort stehen und die Arme zu einer Geste des Willkommens ausbreiten. Da Sie sich nun weniger Illusionen über die Welt machen und mehr mit ihr mitfühlen, können Sie auf einzelne Menschen und Gruppen mit ihren unterschiedlichen sozialen Bedürfnissen zugehen. Das hat nichts mit naiver Menschenliebe zu tun, die keine kritischen Unterschiede macht. Sie wissen besser als je zuvor, wie komplex die überall anzutreffenden menschlichen Probleme sind. Sie müssen genau hinsehen, bevor Sie sich an so große Themen wie einen gerechten Frieden und die Verwirklichung der Menschenrechte wagen. Ihnen ist nun aber bewußt, daß das Geschenk des Alters nicht nur dazu da ist, privaten Vergnügen nachzugehen. Der Altersprozeß hat Sie auf den letzten und größten Aufruf Ihres Lebens zugeführt. Sie werden sich ihm jetzt nicht entziehen und Wege finden, wie Sie die Weisheit, das Können und die Liebe, die Sie ausstrahlen, anderen vermitteln. Sie verstehen, daß alles, was Sie anderen in der letzten Phase des Lebens geben, die Freude wachsen läßt, die im Teilen liegt.

10 Aufrichtig leben

»Wahrheits-Liebe«: die Wahrheit lieben lernen, während wir älter werden, ist ein besonders lohnendes Thema der Meditation. In der Gesellschaft sind so viele Kräfte am Werk, die uns dazu verleiten, die Realität zu verzerren oder zu verdrängen. Noch bevor wir ein stabiles Ich-Gefühl und die dazugehörige Urteilskraft entwickelt haben, sind wir schon mit Unwahrheiten vollgestopft. In der Kinderzeit haben uns die Eltern in scheinbar guter Absicht Lügen über andere Familienmitglieder oder Nachbarn aufgetischt. Oder die wichtigsten Bezugspersonen unserer Kindheit bringen uns das Heucheln bei, weil sie so reden und anders handeln. Ohne Zweifel wiederholen solche Eltern nur die Verhaltensmuster der Falschheit, die sie selbst in ihrer sozialen Umwelt gelernt haben. Vielleicht sind sie nur aufgrund ihrer eigenen Ängste und ihrer Unsicherheit der Unwahrheit verhaftet. Es erfordert beträchtlichen Mut, der Wirklichkeit unerschütterlich ins Auge zu blicken. Wie auch die Motive der Bezugspersonen beschaffen sein mögen, die unsere Entwicklung beeinflussen, schließlich schwimmen wir in einem Meer falscher Ansichten über die verschiedenartigsten Aspekte des Lebens. Die Familienlektionen in Verstellung und verzerrten Ansichten werden nur zu häufig durch allgemein geltende Vorurteile bestätigt. Uns wird ein Bündel von Vorurteilen anerzogen, die sich gegen andere Gruppen richten. Auf einige wird herabgesehen, weil sie einer anderen Rasse oder Religion angehören, weil sie ethnisch verschieden sind, oder sie werden für Feinde gehalten, die unseren Fortbestand bedrohen.

Kein Wunder, daß wir deshalb unser ganzes Leben daran arbeiten, ein aufrichtiger Mensch zu sein. Als Jugendliche gilt es schon viel loszulassen, was wir über uns und die anderen gelernt haben. Wenn wir zu Beginn des Erwachsenenalters in unserem Umgang, in der Ausbildung Glück haben, können wir einige der uns eingeflößten destruktiven Illusionen abschütteln. Doch in den Zwanzigern, Dreißigern und sogar Vierzigern lebt die Mehrheit der Menschen nach Regeln, die ihnen eingeimpft wurden. Wir möchten Erfolg haben und den Ambitionen der Eltern entsprechen, die uns durchaus in den Dunstkreis der Unwahrheit ziehen können. Wir sind im Netz der Erwartungen gefangen, die für unsere Klasse typisch sind und schielen nach den uns Gleichgestellten. Wir sind darauf aus, in unserem Kreis anerkannt zu werden, und richten uns auf übertriebene Weise nach den häufig oberflächlichen Ideologien und Vorurteilen unserer Umgebung. Die alten Griechen sprachen von der Wahrheit als der Nicht-Verborgenheit, von einem Abschälen der Schichten der Illusion, um die wahre Form der Dinge offenzulegen. Die Freilegung der Wirklichkeit oder Wahrheit verlangt eine beschwerliche Reise, die immer bei uns selbst beginnen muß. Die Lebensmitte und das Alter können uns für die Reise, die wir dann richtiggehend planen, bessere Karten und eine vollständigere Ausrüstung bereitstellen. In den späteren Lebensabschnitten können innere und äußere Unwahrheiten zu einer deprimierenden Last werden. Wir wissen, daß nicht mehr viel Zeit bleibt, und daß bei dieser Pilgerfahrt, auf der wir unsere Wahrhaftigkeit finden wollen, viel auf dem Spiel steht. Wir wissen aber auch, daß das Überleben und die Gesundheit der Welt wie nie zuvor von einer ausreichenden Zahl von Menschen abhängt, die sich von den Unwahrheiten entfernen, die den Planeten zerstören. Die Wahrheitssuche ist heute eine Arbeit, die sich für die Zukunft, das Leben der Welt und ihrer Zivilisationen einsetzt.

Was heißt es, sich selbst gegenüber ehrlich zu sein? Da geht es zum Teil um die Fähigkeit und Bereitschaft, unser Selbstverständnis mit seinen spezifischen Werten in Frage zu stellen. Inwieweit spiele ich bloß gewisse Rollen, die mir in der Hauptsache von anderen Menschen auferlegt wurden? Mein Image in der Öffentlichkeit macht mir vielleicht Spaß, aber habe ich es hier nicht mit Masken zu tun, die den wahren Ausdruck meiner Persönlichkeit zudecken, damit ich den Erwartungen der anderen entsprechen kann? Oder geben mir diese nützlichen Masken die Resonanz, mit der ich einer wahren Dimension meiner Persönlichkeit Ausdruck verleihen kann, so wie die Masken im griechischen Theater die Stimme verstärkten? Es ist ein trauriger Anblick, wie bei manchen Menschen, kaum haben sie den Ruhestand erreicht, das Selbstverständnis (und die Selbstachtung), die nichts damit zu tun haben, wie wir uns mit der Rolle an unserem Arbeitsplatz identifizierten, zusammenbrechen. Die Tatsache, daß dieses Ruhestands-Syndrom einigermaßen häufig auftritt, sollte uns zeigen, daß es bei der Ehrlichkeit sich selbst gegenüber keine einfachen Lösungen geben kann. Wenn wir lange Jahre in einer bestimmten Funktion total aufgegangen waren, können die Identitäten verschmolzen sein, was es für uns unmöglich macht, mit Hilfe vernünftigen Nachdenkens und Willenskraft eine Änderung des Selbstbildes herbeizuführen.

Wir müssen einen anderen Kurs wählen und die unbewußten Motivationen ansehen, die uns dazu bringen, dieses Rollenverhalten anzunehmen und so verzweifelt an ihm festzuhalten. Wen wollen wir damit zufriedenstellen? Welche Ziele verfolgen wir mit unseren Rollen? Welche verborgenen Ängste und Zweifel hindern uns, vielversprechenden Träumen unserer Persönlichkeit die freie Entfaltung zu gewähren? Wenn in reiferen Jahren plötzlich gewisse Krankheiten zutage treten, lohnt es sich, darüber nachzudenken, ob wir sie nicht als Anzeichen dafür ansehen sollten, daß sich unser Körper gegen den psychischen Zwang auflehnt, den unpassende soziale Rollen lange Zeit auf uns ausübten. Einfach ist die Sache nicht, da wir den Leuten nicht einreden wollen, sie seien schuld, daß sie krank geworden sind. Körperliche Beschwerden können natürlich viele Ursachen haben. Wir wissen heute aber, in welchem Maß psychische Faktoren bei körperlichen Zusammenbrüchen mitwirken. Sie verdienen Aufmerksamkeit, weil sie uns zeigen können, ob wir unseren tiefsten Bedürfnissen wirklich ins Auge blicken. Es ist freilich schwierig, diesen Weg allein zu beschreiten, und so kann es vor allem für die Menschen, die kaum Erfahrung mit tiefergehender Selbstprüfung haben, unumgänglich sein, spirituellen oder psychologischen Rat zu suchen.

Das Aufdecken von Selbsttäuschungen, das auf der Suche nach der persönlichen Wahrhaftigkeit nötig ist, hat viel damit zu tun, wie ehrlich wir anderen begegnen, wie aufrichtig andere uns gegenüber sind. Mit anderen aufrichtig zu sprechen, ihnen gegenüber ehrlich zu handeln, ist eine delikate Aufgabe, bei der wir lernen, was Verantwortung ist. Die tiefere Bedeutung der Verantwortung liegt hier in der Urteilskraft, die es uns ermöglicht, so auf jemand zu antworten, daß wir auf unser Gewissen hören und gleichzeitig unseren Partnern im ehrlichen Gespräch ermöglichen, ihre Kreativität zu entfalten. Dabei ist großes Feingefühl vonnöten, weil wir sonst nur unsere schlechten Launen an ihnen auslassen und Dinge sagen, die die Beziehung vergiften. Eine wichtige Voraussetzung für den aufrichtigen Umgang miteinander ist ein Gefühl für die Vorläufigkeit unserer Einschätzung der anderen, für die Tatsache, daß wir uns irren können. Urteilen wir ganz spontan, oder projizieren wir lediglich unsere negativen Seiten auf die anderen? Der erste Schritt in einem ehrlichen Gespräch besteht darin, die eigenen Urteile mit einer gewissen Demut zu betrachten. Wenn wir Dinge aussprechen möchten, die hart klingen, aber heilsam sind, müssen wir wirklich das Beste der anderen im Sinn haben. Nur weil Dinge in der Geschichte eines Menschen oder einer Familie wahrhaftig so geschehen sind, bedeutet das noch nicht, daß sie auf jeden Fall ausgesprochen werden müssen. Im Neuen Testament heißt es dazu: der mutige, kluge Mensch entwickelt heilsames Wissen. Klugheit bedeutet in diesem Zusammenhang jenes feine Urteilsvermögen, das zwei Dinge erkennen kann: die Feigheit, die ein notwendiges Aussprechen unterdrückt, und den wahren Mut, der ein Aussprechen oder Niederschreiben einer Wahrheit wagt, die gehört werden muß. Eines der Zeichen eines Alterns in Weisheit ist die Fähigkeit, im Streben nach Wahrheit diese Klugheit walten zu lassen.

Wie hören wir die Wahrheit, die uns mitgeteilt wird? Ehrliche Worte aufzunehmen kann schwierig sein. Einmal deshalb, weil in einer bestimmten Art des Sprechens stets mehrere Bedeutungen mitschwingen. Wenn eine Frau zum Beispiel ihrem Partner ehrlich mitteilt, wie sie denkt und fühlt, kann sie verschiedene Inhalte mitteilen. Sie berichtet vielleicht ganz genau, wie sie einen Streitpunkt empfindet, gleichzeitig kann sie ein Urteil über diesen Punkt selbst und auch über die Art und Weise abgeben, in der ihr Mann sich mit diesem Punkt auseinandersetzt. Die drei Inhalte überlagern sich zwar, sind aber recht gut zu unterscheiden. Der Mann als Empfänger der »offenen Worte« kann irrtümlicherweise alle Aspekte des Gesagten vermischen und das Ganze als eine einzige überwältigend negative Erklärung auffassen. Er hört sie dann sagen, daß sie 1. ein schlechtes Gefühl hat bei 2. diesem Punkt und 3. der Art, wie er mit ihm umgeht.

In Wirklichkeit drückt sie möglicherweise nur den ersten Aspekt aus, ihre Gefühle. Wenn wir diese unterschiedlichen Ebenen einer aufrichtigen Kommunikation nicht auseinanderhalten, sehen wir nichts als Angriff. Die Folge ist wahrscheinlich, daß wir mit einer unnützen Verteidigungshaltung darauf reagieren oder die ganze Kommunikation als zu bedrohlich abbrechen. Es gelingt uns nicht, die Wahrheit in den Worten über die Gefühle der Frau aufzunehmen, weil sie in der Diskussion nicht abgetrennt von anderen, unabsichtlich mit dem Thema verbundenen Einzelheiten auftrat. Wir müssen das Geschick entwickeln, zunächst erkennen zu können, was uns beunruhigt, um dann, ohne uns verteidigen zu wollen, eine Klarstellung zu erbitten. Wenn wir älter werden, können wir die Wahrheit offener aussprechen und entgegennehmen, weil uns die Grenzen aller zwischenmenschlichen Beziehungen bewußt sind, weil wir unsere Versäumnisse kennen. Bei etwas so Empfindlichem und Begrenztem wie dem Zwischenmenschlichen dürfen wir nicht nur rosige Ergebnisse erwarten. Aufgrund dieser Lebenserfahrung können die Menschen in der Lebensmitte und im Alter die Wahrhaftigkeit immer umfassender zu ihrem Thema machen.

Wahrhaftigkeit hängt ferner mit unserer Einstellung der Welt gegenüber zusammen. Betrachten wir das auf zwei Ebenen, dem Umgang mit der Natur und im Bereich von Politik und Gesellschaft. Von der Natur können wir lernen, was Demut ist. Die Natur erinnert uns an beides, an unsere Grenzen und Verheißungen. Wenn wir uns die Evolutionsgeschichte der Erde vor Augen halten, sehen wir, daß wir Geschöpfe nur eine kurze Lebensdauer haben. Jedes Jahr zeigen uns fallende Blätter und die schwindende Tageslänge von neuem, wie kurz unsere Zeit ist. Wenn wir von den menschlichen Möglichkeiten und Errungenschaften her denken, vergessen wir leicht, daß unsere Tage mehr oder weniger gezählt sind. Die moderne Zivilisation mit ihren künstlichen Rhythmen macht uns rasch blind für die natürlichen Abfolgen des Lebens. Ein Teil von uns möchte die Botschaft der vorbeiziehenden Jahreszeiten, die Gesetzmäßigkeiten von Geburt und Tod nicht sehen. Unsere Epoche der Technik macht uns glauben, die Wissenschaft hätte für jede Erkrankung im Leben ein Mittel, selbst für die letzte »Krankheit«, die Sterblichkeit. Die Jahre der Reife geben uns die Möglichkeit, auf neue Art und Weise die heilsamen Lehren der Natur zu verstehen. Wenn wir auf unsere Erfahrung gestützt die Wahrheit erfassen, daß wir endliche Geschöpfe sind, können wir unsere Prioritäten neu setzen. Unsere Jahre sind begrenzt: wie werden wir unser Leben einrichten? Hier raubt uns die Natur nicht den Mut, sondern verheißt uns etwas. Wenn wir uns für die wesentlichen Prioritäten entscheiden, werden wir unseren Kindern reichere Geschenke hinterlassen. Unser Vermächtnis wird ihnen zeigen, wie wichtig Fürsorge und Teilhabe im persönlichen Bereich wie im Hinblick auf die Umwelt ist. Die Wahrheit der Natur ist nicht nur eine negative Lektion in Sterblichkeit und Begrenztheit, sondern auch eine positive Aufforderung zur Verantwortlichkeit, die sich auf Dankbarkeit und Staunen gründet und alle Geschöpfe auf unserem Planeten einbezieht.

Wenden wir uns der zweiten Ebene der Wahrhaftigkeit gegenüber der Welt zu, das heißt unseren politischen und gesellschaftlichen

Überzeugungen. Der alternde Mensch, der an nichts als seine privaten Ziele denkt, kann kaum als psychisch reif gelten. Unter »privaten Zielen« verstehen wir eine ausschließlich auf das Private gerichtete Konzentration, der es um persönliches Vergnügen und Erfüllung geht. Im Gegensatz dazu befaßt sich ein älterer Mensch, der sich weiterentwickelt, mit Themen, die vom Wohlergehen seiner Familie bis zu umfassenderen gesellschaftlichen Angelegenheiten reichen. Was bringt die Wahrhaftigkeit in diesem Umfeld mit sich? Sie hat nichts mit den richtigen Lösungen politischer, wirtschaftlicher und ökologischer Probleme zu tun. Die Wahrhaftigkeit erfordert vielmehr, daß wir uns ernsthaft bemühen, ein Thema zu verstehen, auch wenn wir nicht unbegrenzt Zeit haben und nicht alle Informationen zugänglich sind. Sie besteht außerdem in einem gewissenhaften Einsatz für Werte, die uns persönlich wichtig sind, auch wenn andere Menschen vielleicht ähnlich denken wie wir. Das führt zur Bereitschaft, Partei zu ergreifen, zu unseren Überzeugungen zu stehen und entsprechend zu handeln. Auf dieser Ebene gibt es keine absolute, objektive Wahrheit. Wir bringen jedoch eine ungekünstelte Wahrhaftigkeit zum Ausdruck, die sich in unserem Einsatz und verantwortungsvollen Handeln zeigt. Diese Wahrhaftigkeit kann ihre Gestalt immer wieder verändern, weil auch unsere persönlichen Umstände sich ändern, unser Wissen zunimmt. Was aber bleibt oder sich sogar entwickelt, ist der tief empfundene persönliche Einsatz für gesellschaftliche Fragen, der die Lage der Menschen verbessern kann.

*

Bereiten Sie sich mit Atemübungen auf die Meditation vor, und wiederholen Sie dabei innerlich langsam das Wort »Wahrhaftigkeit«. Stellen Sie sich vor, wie sich die Schichten der Täuschung und Unwahrheit von Ihnen lösen und zergehen. Ihr Körper läßt zunehmend Zeichen des Alters erkennen, und Sie wünschen sich, ein Mensch zu werden, dem die Aufrichtigkeit anzusehen ist.

Beginnen Sie bei sich selbst und lassen Sie die Wahrheit über Ihre persönlichen Werte still im Geist vorüberziehen. Gehen Sie auf Ihre tiefsten Bedürfnisse und Wünsche ein. Machen Sie sich vielleicht etwas vor, indem Sie konventionelle Grundsätze und Verhaltensweisen beachten, die von außen kommen? Beten Sie unkritisch Ansichten nach, die Sie in Ihrer Familie und von Freunden über Gesellschaft, Rassen und Politik hören? Es kann sein, daß Sie nicht aus Ihrer Überzeugung heraus handeln, sondern auf den Beifall der anderen schielen. Wenn Sie sich entspannter auf das Nachsinnen einlassen, werden Beispiele der eigenen Unaufrichtigkeit ans Tageslicht kommen. Verweilen Sie lange genug bei ihnen, damit sie sich Ihrem Bewußtsein einprägen. Sie werden sich Mittel und Wege überlegen, wie Sie sich aus diesem Denken und Verhalten lösen können.
Sie werden sich auch wünschen, anderen die Wahrheit zu sagen und sie von ihnen zu hören. Nehmen Sie ein, höchstens zwei Menschen, mit denen Sie bei aufrichtiger Kommunikation vermutlich Begegnungen haben werden, die einiges in Frage stellen. Sehen Sie sich zusammen mit so einem Menschen, sagen Sie freundlich, auf angemessene Weise und demütig, was Sie denken. Dann wechseln Sie sich ab. Stellen Sie sich vor, wie der gleiche Mensch ausspricht, was er über Sie denkt, was er bei Ihnen fühlt. Achten Sie darauf, ob Sie den anderen unterbrechen und sich durch rechtfertigende Einwürfe verteidigen wollen. Lassen Sie sich nicht darauf ein und gestatten Sie Ihrem Gegenüber, zu Ende zu reden. Sie versuchen, seine oder ihre Gefühle und Gedanken klarzustellen und zu verstehen. Sie lassen zu, daß Sie sich nicht gegen die eigentliche Botschaft wehren, damit Sie sie einfühlsam abwägen können. Sie machen sich klar, daß Sie Ihr Gegenüber wirklich gehört haben und daß Sie bei Gelegenheit versuchen werden, ihm oder ihr ehrlich zu antworten.
Um von der Natur zu lernen, sehen Sie sich in Ihrer Umgebung alles an, was es in ihr an Geburt, Niedergang, Entwicklung, Veränderung und Hinscheiden gibt. Das kann die Verfärbung der Blätter an den Bäumen sein, ein Sonnenuntergang, der den Tag beschließt, oder vielleicht das Älterwerden eines Haustieres, das

Sie schon viele Jahre kennen. Worauf sich Ihre Phantasie auch richtet, lassen Sie die Gefühle zu, die das Geschehen mit sich bringt. Die Natur wird Ihnen ganz deutlich zeigen, was Begrenztheit und Verheißung ist. Die konventionelle Unaufrichtigkeit Ihrer Umwelt wird neben den Wahrheiten der Natur verblassen. Sie sind bereit, sich in Wahrheit in alle eben geborenen lebenden, leidenden und sterbenden Geschöpfe einzufühlen.
Zum Abschluß der Meditation denken Sie an eine wichtige gesellschaftliche Frage, für die Sie sich besonders einsetzen möchten. Sie wissen, daß die Wahrhaftigkeit in der Lebensmitte und im Alter nur vollständig ist, wenn Sie sich fürsorglich um andere Menschen kümmern und in wachsendem Umfang allgemeine Probleme angehen. Während Sie älter werden, wächst Ihr Wunsch nach einem Leben in Aufrichtigkeit und Verantwortlichkeit für das Wohlergehen von Gesellschaft und Ökosystem. Ihre Wahrhaftigkeit wächst.

11 Achtung entwickeln

Wir meinen mit Achtung zwei Dinge: den Respekt, der unseren Leistungen gezollt wird, und die Selbstachtung, das Gefühl im Innern, etwas wert zu sein. Innerer und äußerer Aspekt sind eng verwoben, doch sollten wir auch getrennt über sie nachdenken. Von der Kindheit an drängt uns die Gesellschaft, vor allem wenn wir der Mittelschicht angehören, etwas aus uns zu machen, gewisse Dinge im Leben zu tun, die uns die Achtung der anderen verschaffen. Doch die Tätigkeiten, die wir in einer leistungsorientierten, technologischen Kultur bewundern und schätzen, sind im allgemeinen jüngeren Menschen vorbehalten, die als dynamischer, kreativer und anpassungsfähiger gelten. Einige außergewöhnliche alte Menschen werden nicht in dergleichen Schubladen gesteckt. Doch die meisten müssen damit rechnen, von der Gesellschaft im großen und ganzen umso weniger geschätzt zu werden, je älter sie sind. Menschen, denen diese Haltung nach dem Eintritt in den Ruhestand besonders deutlich wird, haben wahrscheinlich schon vor ihrem Abschied aus der Arbeitswelt gespürt, daß der Respekt, den man ihnen in der Öffentlichkeit entgegenbrachte, langsam abnahm. Ausnahmen finden wir wieder unter den wenigen Menschen, die bis zu ihrem Ruhestand wirtschaftliche und politische

Macht ausübten. Wichtig ist für uns, die Gesetzmäßigkeit klar zu verstehen, die hier herrscht. Die gesellschaftliche Achtung, für die meisten Menschen die Quelle der Selbstachtung, nimmt allmählich ab, wenn wir das fünfzigste Lebensjahr überschritten haben. Dieser Prozeß beschleunigt sich, wenn die alternden Menschen auch noch arm, weniger gebildet, körperlich oder geistig erkrankt sind.

Vielleicht sehen wir hier das Altern in einer altersfeindlichen Kultur zu schwarz. Wir sollten aber die Augen nicht vor einer unerfreulichen Wirklichkeit verschließen. Wenn wir uns nicht mit ihr auseinandersetzen, werden die Enttäuschungen später um so größer. Wenn wir eine vorherrschende Denkweise unserer Kultur nicht sehen wollen, sind wir außerdem nicht in der Lage, auf unserer Suche nach Selbstachtung neue Wege zu beschreiten, die uns ein Wachstum ermöglichen. Den meisten von uns fällt es jedoch schwer, den eigenen Wert nicht mehr außen, sondern innen zu suchen. Es sagt sich leicht, daß wir in unserer Selbstachtung nicht auf andere angewiesen sind. Wir könnten erwidern, daß Gott uns liebt, und daß das reicht. Wir können auch erklären, daß es auf die Haltung der Gesellschaft gar nicht ankommt, da uns die Familie so viel Liebe schenkte. Die Frage ist nur, wie ehrlich diese Aussagen sind. Läßt sich ihnen wirklich entnehmen, wie wir uns selbst einschätzen, oder geben wir nur zu verstehen, wie wir die Dinge gern hätten? Denken Sie an ein Ereignis zurück, das Sie in Ihrer Selbstachtung bedrohte. Vielleicht wurde ein Projekt abgelehnt, für das wir uns eingesetzt hatten, oder uns wurde eine Stelle, eine Beförderung verweigert. Öffentliche Kritik an unserer Arbeit wirkt oft niederschmetternd. Die Liste möglicher Bedrohungen unserer Selbstachtung, die von außen kommen, kann endlos fortgesetzt werden. Wichtig für unsere Betrachtung ist die Tatsache, wie schwer sich die Selbstachtung aufrechterhalten läßt, wenn uns keine Gemeinschaft trägt oder wir keine erkennbaren Erfolge vorweisen können. In Wahrheit sind wir alle unsicher, wie es um unseren eigenen Wert bestellt ist. Wenn wir das erkennen, können wir mit einer meditativen Klärung beginnen, die unser Selbstwertgefühl stärken wird. Wir altern in einer altersfeindlichen Kultur, und die Energie, die wir über einen längeren Zeitraum in lohnende Aufgaben einbringen wollen, ist sehr davon abhängig, auf welcher Grundlage unser Selbstwertgefühl steht.

Die inneren und äußeren Quellen der Selbstachtung und Würde sind in unserem Leben miteinander verknüpft. Das erste Vertrauen und Selbstgefühl wurde uns von Elternfiguren vermittelt. Wir haben es hier mit einer sehr subtilen Form der Kommunikation zu tun, die über bloßes Zureden, wir sollen gut von uns denken, weit hinausgeht. Als Kinder nehmen wir indirekt jede Spur, jeden Beigeschmack elterlicher Minderwertigkeitsgefühle in uns auf. Wir lernen rasch, wie sie sich, was gesellschaftliche Stellung, Bildungsgrad, beruflichen Erfolg und die vielen anderen Merkmale, die den Wert ausmachen, im Vergleich zu anderen sehen. Die elterliche Liebe kann, vor allem in ihrer uneingeschränkten Form, die eben erwähnten negativen Aspekte ausgleichen. Die Eltern können trotz ihrer eigenen Unsicherheit die grundlegende Erfahrung in uns eingepflanzt haben, daß wir in ihren Augen wertvolle Menschen sind. Wenn wir das erleben durften, hatten wir glücklicherweise einen guten Start und sind fähig, unsere Selbstachtung zu stärken. Außerdem konnten wir anderen besser vertrauen und ein Gefühl dafür entwickeln, was in der Welt zu erreichen ist. Die Welt erscheint so weniger bedrohlich. Andere Verwandte, die Freunde und Lehrer haben vielleicht auch auf ihre besondere Weise zu unserer Selbstachtung beigetragen, weil sie uns mit Respekt begegneten. Sie machten uns bewußt, daß wir die Gabe haben, auf unsere Art etwas Eigenständiges zu tun. Hieraus ergibt sich noch eine weitere Bedeutung des Wortes »Achtung«: das Nichteinmischen in die Angelegenheiten des anderen, oder der Respekt vor der Eigenständigkeit des einzelnen. Zu wahrer Achtung gehört auch, daß wir die Initiative und das Selbstvertrauen der Menschen dadurch fördern, daß wir sie in ihren frei gewählten Aktivitäten unterstützen. Diese Achtung ermöglicht es uns vor allem anderen, die Selbstliebe zu entwickeln, die uns innere Kraft und ein starkes Gefühl der Identität verleiht. Wenn im Leben eine der religiösen wie psychologischen Aufgaben darin besteht, Männer und Frauen hervorzubringen, die lieben können, führt dieses Zusammenwirken, das Achtung schafft, zu einer Gemeinschaft, die für uns die allerreligiöseste ist. Die göttliche Gnade wirkt in und durch Menschen, die wissen, was Achtung ist.

Die Unfähigkeit, ein ausreichend starkes Gefühl der Selbstachtung aufzubauen, führt zu vielen Formen selbstzerstörerischen Verhaltens. Die schockierende Zahl der Mitmenschen, die ihr Leben durch schädliche Gewohnheiten verkürzen oder beenden, zeigt, wie groß der Mangel an Selbstliebe oder Selbstachtung ist. Der gefährliche Mißbrauch zum Beispiel von Alkohol, Tabak und/oder anderen Drogen wie auch eine schlechte Ernährung sind in einer Vielzahl von Fällen für Krankheiten und frühen Tod verantwortlich. Natürlich wollen wir nicht in Abrede stellen, wie sehr Krankheit und Tod durch Umstände hervorgerufen werden, über die wir keine Macht haben. Wir denken an Unfälle, Umwelteinflüsse, Infektionen und andere äußere Faktoren. Doch die Selbstzerstörung hat psychologisch gesehen viel mit niedriger Selbstachtung zu tun. Menschen, die wider besseres Wissen ständig selbstzerstörerisch handeln, sagen sich auf einer sehr wesentlichen unbewußten Ebene: »Ich tauge wirklich nichts, kann diese Gefühle, wertlos zu sein, aber nicht ausstehen und mache daher mit den schädlichen Dingen weiter, weil sie mir in gewisser Weise Trost verschaffen oder mich vorübergehend vor meinen inneren Stimmen bewahren, die mich nur heruntermachen.« Wieder wäre es zu einfach, wenn wir behaupten wollten, daß sich dieses schädliche Verhalten nur auf fehlende Selbstachtung zurückführen läßt. Menschen, die sich andererseits selbst sehr achten, sind weniger geneigt, Dinge zu tun, die eindeutig gesundheitsschädlich sind.

Gesunder Geist, ausgeglichenes Gefühlsleben und körperliches Wohlergehen gehören eng zusammen. Aus der Psychotherapie wissen wir sehr gut, daß die Selbstachtung bei Heilungsprozessen der Psyche von wesentlicher Bedeutung ist. Wenn wir uns in der Gesellschaft umsehen, stellen wir fest, daß alle Formen der Gewalt mit einem Mangel an Achtung verknüpft sind. Eine Reihe von Untersuchungen zeigen, daß viele strafbaren Handlungen im Zusammenhang mit schwach entwickelter Selbstachtung gesehen werden müssen. Wenn ganze Gruppen respektlos behandelt werden, weil sie einer anderen Rasse, einem anderen Volk angehören oder weil es politisch vorteilhaft ist, werden sie immer wieder in Gewaltausbrüchen zurückschlagen. Da scheint auf der persönlichen wie der gesellschaftlichen Ebene ein bestimmtes Kräftespiel am Werk zu sein: wenn man uns das Gefühl gibt, wir seien minderwertig und verdienten keine Achtung, schlagen wir leicht voller Feindseligkeit zurück. Wir können das sowohl in zwischenmenschlichen Beziehungen wie in nationalen Angelegenheiten sehen.

Eine andere Frage ist, inwieweit wir fähig sind, unsere Selbstachtung zu stärken. Wenn uns die Kindheitserfahrungen hinderten, ein gesundes Selbstgefühl zu entwickeln, können wir dann später im Leben das Versäumte nachholen? Diese Fragestellung führt zu einer schwierigen Diskussion und zu ganz verschiedenen Antworten. Die eher pessimistischen oder nüchternen Fachleute sind der Ansicht, daß uns eine in der Kindheit geschwächte Selbstachtung das ganze Leben hindurch benachteiligt. Wir stimmen eher jenen zu, die eine Stärkung der Selbstachtung trotz eines schlechten Starts für möglich halten, wenn die Umstände günstig sind. Bei »günstigen Umständen« denken wir vor allem an das große Glück, eine fürsorgliche und liebevolle Umgebung zu finden. Derlei Erfahrungen können vergangene Verletzungen verheilen lassen, und es ist möglich, Menschen erleben zu lassen, daß sie geachtet und daher achtenswert sind. Diese positive Entwicklung ist möglich; der Prozeß kann jedoch auch rückläufig sein und zu einer Schwächung führen. Für viele von uns bringen Lebensmitte und Alter Erfahrungen mit sich, die der Selbstachtung harte Schläge versetzen. Älter zu sein, älter auszusehen genügt in unserer auf die Jugend ausgerichteten Welt, um unser Selbstbild zu verdunkeln. Die körperlichen Grenzen, die uns Gebrechen setzen, nehmen mit dem Alter zu. Diese Nöte erschweren es vielen, die Selbstachtung zu bewahren. Vielleicht drängen uns am Arbeitsplatz jüngere Menschen an den Rand oder werden an uns vorbei befördert. Wenn zu diesen Problemen später noch Armut und Krankheit hinzukommen, kann die Selbstachtung schwer angeschlagen sein und das Alter zu einer Zeit der Niedergeschlagenheit und auch Verzweiflung werden.

Daher ist es in der Lebensmitte oder im Alter wesentlich, über die Wurzeln und Grundlagen unserer Selbstachtung zu meditieren. Wir werden den Wunsch haben, darüber nachzudenken, was uns im Leben gelungen ist. Wir werden zuerst einmal annehmen, daß wir nur wenig erreicht haben, aber da sind wir nur das Opfer zu hoher Erwartungen. Aufgrund dieses Irrtums halten wir uns für wertlos, weil wir weder einen Nobelpreis bekommen noch das große Werk verfaßt und auch nicht die eine Maschine erfunden haben. Wenn wir die psychische Inflation, die Aufgeblasenheit mäßigen können, die hinter diesem falschen Denken steht, entdecken wir in unserer Vergangenheit sicher vieles, das Achtung hervorruft. Einiges hat möglicherweise mit materiellen Errungenschaften zu tun, an denen wir mitgewirkt haben. Oder wir haben etwas für die Menschheit getan, ihr gedient. Wir können jüngeren Menschen das Denken, Abwägen, Organisieren, Verwalten oder Aufbauen beigebracht haben. Irgendwie haben wir vermutlich Menschen geholfen, sich besser zu fühlen, und ihre Selbstachtung gestärkt. Wenn wir das alles an uns vorüberziehen lassen, besteht unsere Aufgabe darin, es nicht nur wahrzunehmen, sondern – vielleicht zum erstenmal – die Erfahrung zu machen, daß wir einfach etwas Gutes getan haben, das jetzt zu unserem persönlichen Vermächtnis gehört. Damit wir erkennen, daß wir wertvolle Menschen sind, ist es fast noch wichtiger, daß wir uns so intensiv wie möglich an all die Güte und uneingeschränkte Liebe erinnern, die uns geschenkt wurde. Hier kommt es darauf an, daß wir nicht rasch über diese Erinnerungen hinweggleiten, sie nicht für selbstverständlich ansehen. Wir müssen lernen, die fürsorgliche Liebe zu spüren und zu genießen, die uns geformt hat, und die unauslöschlich wie die eigene DNS unserer Psyche eingeprägt bleibt.

*

Bereiten Sie sich sorgsam auf eine Meditation über die Achtung vor, da sie von so wesentlicher Bedeutung für das kreative Altern ist. Fangen Sie mit den gewohnten Atemübungen an. Wenn Sie sich durch die stille Aufmerksamkeit auf den Atem entspannt und in Ihrer Mitte angekommen fühlen, möchten Sie vielleicht ein Mantra wie »Würde« oder »Selbstachtung« in den Rhythmus des Ein- und Ausatmens hereinnehmen.

Im ersten Abschnitt dieser Betrachtung lassen Sie die größten Dämonen der Geringschätzung vor das innere Auge treten. Versuchen Sie, die inneren Geister, die Ihre Selbstachtung gern niederreißen, als Personen zu sehen. Gleich zu Beginn der Übung sollte uns klar werden, daß unsere heftigsten Kritiker in der Hauptsache nicht außen zu suchen sind. Es handelt sich vielmehr um innere Kräfte, denen wir zuviel Glauben schenken. Diese inneren Dämonen können zum Teil durch Einflüsse von außen geformt worden sein, doch bis zur Lebensmitte haben sie in uns kräftig Wurzeln geschlagen. Welcher wohlvertraute Bewohner Ihres Inneren steigt in Ihr Bewußtsein auf? Handelt es sich um die verinnerlichte Mutter- oder Vaterfigur, die ihr eigenes Gefühl äußern, nichts wert zu sein, alles Töne, die Sie übernommen haben? Achten Sie auf den Stil der Herabsetzungen. Jammern die Erscheinungen über eine unglückliche Vergangenheit, eine schlechte Ehe, eine gescheiterte Karriere? Vielleicht halten sie sich für wertlos, weil die Gesellschaft sie aus politischen Gründen unterdrückt, oder weil ihr die Zugehörigkeit zu einer Rasse, einem Volk, einer Religion nicht paßt? Wenn Sie diese alten Stimmen vertraute Themen wiederholen hören, sind Sie in Berührung mit den frühen Ursprüngen Ihrer Selbstherabsetzung. Später wurden sie vermutlich durch andere Menschen noch verstärkt. Die Gefährten, Lehrer, Gatten oder Vorgesetzten, die dann immer wieder darauf zurückkamen, wie wenig Sie wert sind, waren nur ein Echo der früheren Lektionen.

Wählen Sie einen der Hauptdarsteller aus. Besprechen Sie das Thema mit ihm oder ihr von Ihrer neuen Einsicht aus. Sie sind jetzt älter und können besser verstehen, wie sich jene Person auf eine bestimmte Weise entwickelte und Ihnen das Gefühl der Minderwertigkeit gab. Sagen Sie ihr, daß Sie den Prozeß verstehen. Sie verzeihen ihr, daß sie Ihnen unabsichtlich eine Last aufgebürdet hat. Doch nun müssen Sie die schädliche Bürde der Selbstherabsetzung abwerfen. Es macht nichts, wenn die Person noch am Leben ist. Wenn Sie wirklich begreifen, daß die innere Gestalt jener Person der wahre Schuldige ist, sind Sie in der Lage, sich von der eigentlichen Person zu distanzieren, wenn sie erneut das alte Ritual der Selbstherabsetzung wiederholt. In Ihrem Erwachsenenleben ereignet sich ein wichtiger Prozeß der Individuation. Sie sehen, daß Sie nicht länger an die kollektiven Geisteshaltungen der anderen gefesselt sind, daß Sie kein Teil mehr davon sind. Wenn Sie wollen, sind Sie frei von dieser Fessel.

Im ersten Abschnitt der Meditation lassen Sie den alten Dämon auf freundliche, aber unmißverständliche Weise ziehen. Sie sagen vielleicht so etwas wie: »Ich verstehe jetzt die vielfältigen Ursprünge meiner inneren Mechanismen der Selbstherabsetzung. Ich bin dankbar für die vielen guten Aspekte, die du in mein Leben getragen hast. Ich muß dich aber nun als einen Geist ziehen lassen, der die Selbstachtung schmälert, und den ich zu lange gewähren ließ, den ich sogar auf ungesunde Weise genoß. Geh! Ich muß mich der schwierigen Aufgabe meiner Reifung mit größerer Selbstachtung widmen. Davon hängt nicht bloß mein eigenes Wachstum ab, sondern auch alles, was ich anderen Menschen an positiven Gaben vermitteln kann.« Stellen Sie sich vor, wie sich das alte Vorstellungsbild der Herabsetzung langsam von Ihnen abwendet und in der Ferne verschwindet. Genießen Sie das Gefühl der Befreiung, der abgeworfenen Last, der schweren Tür, die aufgeschwungen ist und Sie frei ins Licht gehen läßt.

Zum Abschluß der Meditation stellen Sie sich eine andere Gestalt vor, die durch die offene Tür tritt, das Vorstellungsbild eines Menschen, der Ihr Gefühl der Selbstachtung am meisten gehoben hat. Er oder sie winkt Sie heraus auf den Pfad, auf den nun Licht fällt. Die Gestalt ruft für Sie spürbar Erinnerungen daran herauf, wie Sie als wertvoller Mensch mit Achtung behandelt wurden. Sie erkennen auch, daß die verinnerlichte Person jetzt Teil einer tieferen Schicht Ihrer Psyche ist. Es handelt sich nicht mehr um den eigentlichen Menschen, der in der Vergangenheit Ihrer Selbstachtung aufhalf. Sie haben ihn oder sie in Ihr Inneres aufgenommen, und dadurch wurde der Archetyp des oder der gütigen Weisen lebendig. Nehmen Sie diese innere Kraftquelle an, die Sie zunehmend in Richtung Würde und Selbstachtung führen wird. Wenn Sie Ihren Altersprozeß verstehen, werden Sie für andere ein Führer sein. Wenn sich die Achtung in Selbstachtung verwandelt, entsteht ein sich ständig erneuerndes, kräftigendes Heilmittel für die Seele. Beenden Sie die Meditation mit Ihrem Mantra, das Sie in das stille, rhythmische Atmen einbetten.

12 Innere Gegensätze ausgleichen

In der Lebensmitte und im Alter bieten sich die besten Gelegenheiten, vernachlässigte oder verdrängte Aspekte unseres Ichs zu entfalten. Aufgrund der Beschränkungen und Unsicherheiten der frühen Jahre wie der Erwartungen von Familie und Gesellschaft, denen wir zu entsprechen haben, wachsen wir einseitig heran und lassen Bereiche unentwickelt, die zu unserer Ganzheit beitragen würden. Hier zur Verdeutlichung ein paar extreme Beispiele: talentierte Sportler, die sich in der Kindheit und frühen Jugend, wir denken an Tennis, fast ausschließlich ihrer speziellen Ausbildung widmen, begabte Tänzer, deren ganzes Leben von der Jugend an um das Balletttraining kreist. Ähnlich gehen junge Menschen ganz gezielt, engstirnig und ehrgeizig ihre Karriere an. Das Ideal der Renaissance, eine ausgeglichene Erziehung, wird heutzutage in der technologischen Gesellschaft mit ihren Zwängen zur Spezialisierung aufgegeben. Disziplin und Einsatz, die für solche Ziele erforderlich sind, haben natürlich ihren Sinn, doch bleibt uns eine umfassendere Entfaltung hin zu einer ganzheitlichen Persönlichkeit versagt. Viele unserer Möglichkeiten bleiben ungenutzt. Außerdem schleppen wir die lähmende Bürde der Einseitigkeit mit uns, wenn wir uns später der Reife nähern. Die Bereiche, die

wir zu sehr entwickelt haben, verlieren unser Interesse; wir langweilen uns und geben uns viel zu häufig mit der Rolle des passiven Zuschauers zufrieden.
Die Einseitigkeit außen ist eng mit unserer im Psychischen begründeten Unausgeglichenheit verknüpft. C.G. Jung sprach häufig von der Verdrängung oder Vernachlässigung menschlicher Energien (archetypischer Kräfte) in der Tiefe unserer Psyche. Wenn wir in umfassenderer Weise das Individuum werden wollen, das wir eigentlich sein sollten, das heißt wenn wir unsere Möglichkeiten auf allen Ebenen entfalten möchten, müssen wir uns dem Ausgleich der Gegensätze in unserem Innern widmen. Wir neigen zum Beispiel dazu, verschiedene Schattenaspekte unserer Persönlichkeit zu verbergen oder sie auf andere, auf Gruppen oder einzelne Menschen zu projizieren. Wenn wir uns selbst in der Gruppentherapie, der meditativen Betrachtung mit Hilfe eines Tagebuchs oder der Traumanalyse näher ansehen, kommen viele Schattenaspekte an die Oberfläche. Wir erleben die Spannung zwischen den entgegengesetzten Energien, ihre Polarität: unsere (von uns aus gesehen) guten und schlechten Seiten, unsere annehmbaren und minderwertigen Wesenszüge. Der Individuationsprozeß, der die Gegensätze ausgleicht, damit sich eine Ganzheit ausbildet, verlangt von uns, daß wir unsere dunklen, verachteten Seiten neu sehen lernen. Wir müssen uns den Schattenaspekten so nähern, als handle es sich bei ihnen um abgelehnte »Unterpersönlichkeiten«. Sie wollen uns bestimmte Geschenke machen, die der ganzen Person nützen. Wir unterdrücken nicht länger den Ruf unserer Schattenseiten nach Aufmerksamkeit, sondern beginnen den Dialog mit ihnen, nehmen sie als wesentlichen Teil von uns an. In der Sprache der griechischen Mythologie müssen wir die Reise in den Hades (in unserem Inneren) antreten, um eine Art der Weisheit kennenzulernen, die unserem Tageslicht-Ich fremd ist. Die beschwerliche Reise in unsere Infernos wird uns schließlich die ganzen Möglichkeiten deutlich machen, die es für unser Wachstum gibt. Auf paradoxe Weise müssen wir uns dem Schlimmsten stellen, um das Vorhandensein alles Besseren und Tieferen wirklich sehen zu können. Wenn wir unser ganzes Leben

damit zubringen, uns einseitig nur als Kinder des Lichts zu sehen, laufen wir nicht nur Gefahr, daß unser Dasein langweilig und unschöpferisch wird, sondern sind auch indirekt, fast reflexartig gezwungen, die schlimmsten Aspekte unseres Schattens auszuagieren.

Eine weitere Dimension unserer inneren Gegensätze beruht darauf, daß es in uns eine gegengeschlechtliche Komponente gibt. Das heißt, Männer haben eine innere weibliche Seite, die *Anima*, und Frauen eine männliche, den *Animus*. Die Weltliteratur spiegelt in vielen Formen – von den antiken Sagen bis zu den Romanen von heute – die Spannung zwischen den gegengeschlechtlichen Archetypen *Anima* und *Animus* wider. Auch Malerei und Plastik stellen häufig das Schauspiel dar, das männliches und weibliches Element geben. Körperlich gesehen gehören wir einem der beiden Geschlechter an, und die festumrissene Erziehung durch Familie und Gesellschaft sorgt dafür, daß wir bestimmte Weisen des Denkens, Fühlens und Handelns als Jungen oder Mädchen verinnerlichen. In diesem Entwicklungsprozeß werden in der Tiefe die archetypischen Energien von *Anima* und *Animus* in unserem persönlichen Unbewußten auf eine bestimmte Weise geformt, bevor uns dieser Prozeß überhaupt bewußt sein kann. Wir lernen das richtige Mannsein und Frausein in der Gesellschaft aufgrund spezifischer Prägungen, die von den Elternfiguren und der Kultur ausgehen. Wir verinnerlichen diese Vorstellungsbilder von Männlichkeit und Weiblichkeit ganz unreflektiert und wie von selbst. Sie beeinflussen in unendlich vielfältiger Weise unsere Gedanken, Urteile, Entscheidungen und Taten. *Anima/Animus*-Bilder manifestieren sich in den Symbolen der Träume wie im Wachbewußtsein. Was negative *Anima* und negativer *Animus* genannt wird, läßt Rückschlüsse auf die bestimmten Formen des Ungleichgewichts in unserer Persönlichkeit zu, die sich von der Jugendzeit an herausgebildet haben.

Der Mann, der von der *Anima* besessen ist, wird leicht ein Opfer von Sentimentalität und Reizbarkeit. Er zieht sich in ein düsteres Schmollen zurück, ist nicht länger objektiv und hat keine Beziehung mehr zu seiner Umgebung. Er kann in Gesprächen sarkastisch oder giftig werden. Wenn die *Anima*-Verstimmung chronisch wird, stellen sich oft Depressionen oder eine Sucht ein. Die Grundhaltung drückt aus: »Es ist zwecklos, warum weitermachen?« Was eine Besessenheit durch die gegengeschlechtliche Seite ist, läßt sich am besten verstehen, wenn wir uns vor Augen führen, daß sie wie ein Reflex beziehungsweise praktisch unbewußt die Persönlichkeit beherrscht. Wenn wir von etwas »besessen« sind, hüllt uns dieses Etwas so ein, daß wir gar nicht bemerken, wie sehr es uns beherrscht. Wenn wir diesen Gegensatz ausgleichen wollen, müssen wir uns folglich so weit von ihm entfernen, daß uns sein Fluchtcharakter deutlich wird. Das heißt, uns wird von neuem bewußt, wie sehr uns Männer gewisse *Anima*-Verstimmtheiten einengen, die wir früh durch den Kontakt mit unseren Müttern erworben haben.

Der Ausgleich der Gegensätze im Bereich des Gegengeschlechtlichen konzentriert sich auf den schrittweisen Prozeß einer Zügelung der negativen *Anima*, einem Erkennen positiver *Anima*-Bilder in unserem Inneren, mit denen wir dann Freundschaft schließen. Wenn wir der positiven *Anima* unsere Aufmerksamkeit zuwenden, kann sie uns von der einseitigen Sentimentalität und vom unnützen Männlichkeitswahn heilen. Wenn wir Männer einen fruchtbaren Dialog mit unseren archetypischen weiblichen Energien beginnen, erkennen wir in uns neue Fähigkeiten der Fürsorge und Einfühlung. Wir erleben eine umfassendere Kreativität und Spiritualität. Die Lebensmitte ist eine besonders gute Zeit, dem vernachlässigten Weiblichen in uns zu begegnen und seinem Einfluß Raum zu geben. Unsere Ich-Identität ist in der Lebensmitte gewöhnlich stark genug ausgeprägt, um uns erkennen zu lassen, wie oberflächlich und auch leidvoll eine einseitige Männlichkeit ist. Wir können eher sehen, daß wir vielleicht ständig unsere *Anima* nach außen auf bestimmte Frauen projiziert und diese dadurch belastet haben. Außerdem haben wir uns so von unseren inneren Kraftquellen abgeschnitten.

In einer ähnlichen Lage befinden sich häufig die Frauen, die über den *Animus* hinwegsehen oder von ihm besessen sind. Der *Animus* in seiner negativen Form verleitet eine Frau dazu, starre, wenig durchdachte Meinungen und Überzeugungen zu verfechten. Sie verbirgt ihre tiefe Unsicherheit hinter schonungslos herausgesagten, dogmatischen Ansichten, in denen sich nichts als die übliche Geisteshaltung ausdrückt, zu der sie flüchtet, um ein gewisses Maß an Selbstvertrauen zu finden. Nach außen kann sie sich ausgesprochen barsch und kritisch geben, wobei der schroffe Klang typisch für die *Animus*-Besessenheit ist, deren vorwurfsvolles Urteilen im Inneren jedes echte Gefühl des eigenen Werts untergräbt. Wenn die *Animus*-Kräfte unbewußt sind und Macht über eine Frau haben, ist sie nicht mehr fähig, eigenständig zu fühlen und zu denken. Keine Logik kann den verhärteten Panzer aus banalen Erklärungen und summarischen Urteilen auflösen. Wenn Männer und Frauen aufeinandertreffen, die unter dem Bann ihrer gegengeschlechtlichen Archetypen stehen, kann sich das als recht schädlich für die Beziehung erweisen. Der *Animus* zieht sein mächtiges Schwert, und die *Anima* verspritzt feindselig ihr Gift. Die Beziehung löst sich auf. Diese negativen Verwicklungen rufen so tiefgreifende Verletzungen im Leben der Menschen hervor, daß es in der Lebensmitte notwendig wird, Abstand zu gewinnen, um das eigene mangelhafte Zusammenspiel mit dem inneren gegengeschlechtlichen Pol zu prüfen. Durch Nachsinnen und Verstehen kann eine Frau ihren positiven *Animus* entwickeln, wobei eine Beratung vielleicht weiterhilft. Der *Animus* verfügt als Archetyp über entscheidende Mittel, die einer Frau helfen, Situationen zu durchschauen, ihre eigenen Qualitäten und den inneren Wert schätzen zu lernen und so mutig wie standhaft zu handeln.

Der Individuationsprozeß, die ganzheitliche Entwicklung der eigenen, einzigartigen Möglichkeiten, ist eine Lebensaufgabe. Das Ausgleichen der inneren Gegensätze ist nie beendet. Das Ziel der Individuation besteht ja nicht darin, eine Art Plateau zu erreichen, auf der die Polarität der Gegensätze verschwunden ist. Die Kreativität wird gerade durch Spannung gefördert. Im Idealfall können wir bis an unser Lebensende in die Weisheit und Liebesfähigkeit hineinwachsen. Wir haben über zwei große Gegensätze in unserer Psyche nachgedacht: das bewußte Ich und seinen Schatten, die *Anima* und den *Animus*. Wir dürfen nicht vergessen, daß wir es mit bewußten und unbewußten Dimensionen der Psyche zu tun haben. Daraus folgt, daß wir unsere unbewußte »andere Seite« durch rationale Überlegungen nicht dazu zwingen können, sich uns zu offenbaren. Die archetypischen Aspekte des Schattens, der *Anima* und des *Animus* verfügen über eine gewisse Eigengesetzlichkeit. Wir müssen lernen, ihnen mit Achtung, in einer meditativen, lauschenden Haltung zu begegnen. Wenn wir empfangen können, sind wir fähig, die inneren Geheimnisse unserer Seele zu erfahren.

Wenn Sie im Wachzustand Ihren unbewußten, vernachlässigten Aspekten begegnen wollen, ist es sehr wichtig, daß Sie sich die Zeit nehmen, in einen tieferen Zustand der Meditation zu gelangen. Versenken Sie sich ein paar Minuten mit geschlossenen Augen in die Übungen, die Ihren Atem langsam und tief machen. Während Sie in das bedächtige Ein- und Ausatmen hineingehen, lassen Sie den Atemvorgang zu einer wortlosen Einladung an Ihre weniger bewußten »Unterpersönlichkeiten« werden, sich Ihnen zu zeigen. Wenn Sie sich in einen Zustand der Selbsthypnose versetzen können, sehen Sie das Atmen als Ihren Geist an (der Atem als *Pneuma* oder Heiliger Geist), der die verborgenen inneren Geister ruft. Sie nähern sich ihnen nicht aus eitler Neugier, sondern weil Sie deren Einsichten besser in Ihre gesamte Persönlichkeit integrieren möchten.
Wenn Sie in der Meditation die Ruhe und Mitte gefunden haben, lassen Sie zwei Fragen wie Magneten durch Ihr Bewußtsein schweben, die nach verborgenem Eisen suchen. Welche Eigenschaften mögen Sie an sich nicht, suchen Sie so gut wie möglich zu verstecken? Welche Eigenschaften mißfallen Ihnen an anderen Menschen am meisten? Die erste Frage soll die dunkle Seite Ihrer Persönlichkeit ans Licht bringen, jene Möglichkeiten des Verhaltens, die Gesellschaft wie Familie als schlecht ansehen, jene

Aspekte, die Scham hervorrufen und folglich unterdrückt werden. Möglich, daß geheime, verbotene Wünsche sichtbar werden, die mit Sex, Geld, Macht und sogar Gewalt zu tun haben. Diese Wunschvorstellungen können in zweierlei Hinsicht lehrreich für Sie sein. Zum ersten helfen sie Ihnen, Ihre Schattenseiten wahrzunehmen. Sie gewöhnen Ihnen ab, alles Zerstörerische und Schädliche nur außen zu sehen. Kurz gesagt, die Schattenbilder zeigen uns erst richtig, was es heißt, ein Mensch und damit mit allem verbunden zu sein, was die Menschheit an Neigungen kennt. Wir können die Illusionen einer unechten Reinheit des Herzens loslassen, die häufig mit der Inflation des Ichs einhergehen. Verweilen Sie ausreichend lange bei diesen Bildern, damit Sie sehen, wie tief sie in Ihrem Wesen verankert sind. Wenn Sie verstehen, daß sie ein Teil Ihrer psychischen Natur sind, werden Sie diese Tendenzen nicht so leicht ausagieren wie jemand, der blind für diese Tatsache ist. Sie können jetzt in gewissem Umfang bewußt mit den Schattenimpulsen umgehen. Kehren Sie zum Rhythmus Ihres Atmens zurück. Sagen Sie mit jedem Ein- und Ausatmen Ja zur Anwesenheit Ihrer Schattenseite.

Zum zweiten kann Ihr Schattenaspekt zu einer Quelle von Energien werden, die ungenützt waren und Ihrem Leben Stärke verleihen. Wenn Sie den Dialog mit dem Schatten scheuen, kann sich Ihre Kreativität nicht voll entfalten. Die oben erwähnten Schattenbilder – Sex, Geld, Macht und Gewalt – halten besondere Gaben für Sie bereit, wenn Sie wissen, wie sie entgegenzunehmen sind. Hinter diesen vier Begriffen verbergen sich Möglichkeiten der Liebe, des Selbstwertes, des Könnens und der Durchsetzungskraft, die bis jetzt vernachlässigt wurden. Bleiben Sie bei den Bildern, die aus Ihrer Schattenseite aufsteigen und sich dem inneren Auge darbieten. Bitten Sie jedes, Ihnen seine verborgene Kraft zu gewähren. Sie erkennen, daß das Ich einseitig, voreingenommen und nicht ganz vollständig ist, weil es die heimliche Stärke seines Schattens nicht miteinbezogen hat. Sie befinden sich wie ein Schamane in einer Meditation, deren Thema die Reise zu einem dunklen, fernen Ufer ist. Die westliche Phantasie hat diese Reise als Abstieg in die Unterwelt, in furchteinflößende Gefilde beschrieben, die uns aber ein neues Wissen und frische Kreativität schenken können. Stellen Sie sich vor, daß Sie sich im Hades oder Inferno der Schattenseite befinden. Machen Sie sich bereit, diese Wahrheit über sich kennenzulernen, eine harte, aber lohnende Aufgabe.

Richten Sie Ihre Aufmerksamkeit nun auf die gegengeschlechtlichen Bilder der *Anima* oder des *Animus*, die sich Ihnen in Traumsymbolen oder im Wachzustand offenbart haben. Als Mann beginnen Sie vielleicht mit den Bildern Ihrer Mutter oder anderer Frauen, die Ihnen wichtig waren. Als Frau stellen Sie sich Ihren Vater oder andere Männer vor, die großen Einfluß auf Sie hatten. Wie haben Sie diese Bilder in sich aufgenommen? Möglicherweise haben Sie deren gute Eigenschaften nicht in Ihre Seele, in die innere Gemeinschaft Ihrer Psyche hereingenommen und draußen in diesen Menschen gelassen. Wenn das so ist, stellen Sie sich vor, daß Sie jede dieser Personen an der Hand nehmen und sie in Ihre Seele führen, damit sie innere Vertraute und Quellen der Weisheit werden. Sie respektieren sie, wie sie waren oder sind, als selbständige Individuen. Sie begreifen aber auch, daß sie in Ihrem Unbewußten wohnen und Ihr Leben von innen her mit Kraft erfüllen können.

Beschließen Sie Ihre Meditation, indem Sie in friedvoller Stille langsam Ihr Mantra wiederholen. Dieses persönliche und spirituelle Lied, das Mantra, hilft Ihnen, bewußter die inneren Partner wahrzunehmen, die Ihnen auf der Reise hin zur Versöhnung der inneren Gegensätze beistehen.

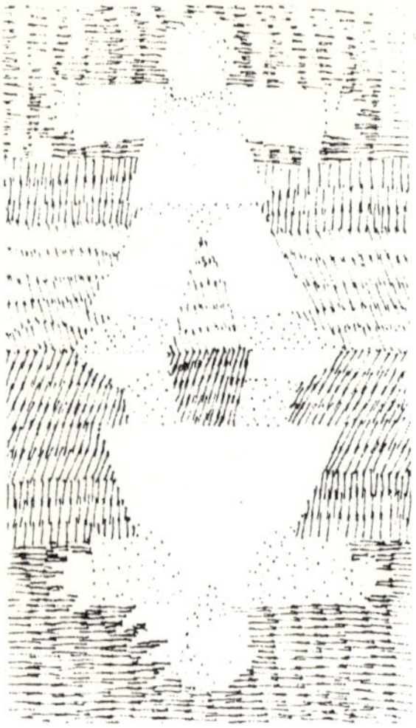

13 Mit Gefühlen der Minderwertigkeit umgehen

Wenn wir in die Weisheit und Friedfertigkeit des Alters hineinwachsen wollen, müssen wir von den Stimmen unseres Inneren lernen, die unbeachtet geblieben sind. Wenn wir uns ihnen mit frischer Aufmerksamkeit zuwenden, wird deutlich, daß in uns Machtkämpfe um die Herrschaft über unseren Geist toben, für die wir teuer bezahlen. Diese Konflikte hängen mit dem Zusammenprallen der Gegensätze zusammen, mit den häufig unbewußten Kämpfen, die unser Ich führt, um die bedrohlichen Kräfte aus unseren Tiefen in Schach zu halten. Diese Meditation befaßt sich daher weiter mit dem Thema der Versöhnung der Gegensätze. In der vorigen Betrachtung haben wir über archetypische Bilder nachgedacht, über Schatten und *Anima/Animus.* Wir wenden uns nun anderen Gegenkräften in unserer Psyche zu, die mit dem wechselseitigen Spiel der archetypischen Energien zusammenhängen, die uns aber aus der heutigen Sprache der Psychologie eher vertraut sind. Viele von uns haben sich jahrzehntelang nicht direkt mit den lautstarken Protesten unseres Inneren auseinandergesetzt. Wir haben die Rolladen herabgelassen oder versucht, den Lärm dadurch zu dämpfen, daß wir uns privat oder gesellschaftlich isolierten. Wir haben uns so gegen das Gebell der Hunde unserer Seele abgeschottet, daß wir es gar nicht mehr hören. Wenn unser Leben so einseitig geworden ist, scheint alles stillzustehen. Die ausgefahrenen Gleise, in denen wir uns bewegen, machen uns unzufrieden und müde. Öffnen wir doch kurz ein paar Fenster, um das laute, eindringliche Bellen wieder hören zu können. Die Hunde in unserem Inneren haben wichtige Botschaften zu vermitteln.

Die Lebensmitte ist eine besonders gute Zeit, sich der Zwietracht in unserer Psyche zu stellen. Vielleicht haben wir längst keine Lust mehr, in der Öffentlichkeit immer wieder neue, gesellschaftlich akzeptablere Masken aufzusetzen, während wir andere Aspekte unserer Persönlichkeit verleugnen. Wir haben sie für minderwertig gehalten, für peinlich, und fürchteten, sie könnten der Grund sein, daß man uns ablehnt. In der Lebensmitte aber sind viele Menschen bereit, die alten Urteile zu überdenken, weil sie spüren, daß unter all diesen vermeintlich wertlosen Dingen einiges an Gold verborgen ist. Unsere Ich-Identität ist im Grunde gefestigt, und so können wir es wohl wagen, unsere vermeintlichen Minderwertigkeiten zu untersuchen. Es kann gut sein, daß in den versteckten oder vernachlässigten Bereichen unserer minderwertigen Funktionen die »Rettung« oder Heilung, eine größere Ganzheitlichkeit warten.

Das Gefühl der Minderwertigkeit ist von Mensch zu Mensch verschieden. Möglicherweise haben wir diese unannehmbaren Bereiche so zugedeckt, daß sie nur mit Mühe auszugraben sind. Wir brauchen unter Umständen ein paar Anstöße, um Aspekte an uns zu entdecken, die wir für minderwertig halten. Beginnen wir damit, wie wir unser Aussehen einschätzen. Vielleicht sind wir übergewichtig und setzen uns daher selbst herab, oder wir mögen unser Lächeln nicht, unser Profil, unsere Körpergröße. Vielleicht stört uns die Hautfarbe oder die Tatsache, daß wir kaum noch Haare auf dem Kopf haben. Den meisten gefällt nicht, wie andere ihren Körper sehen und beurteilen könnten. Die Leute wenden viel Zeit und Geld auf, um ihre körperliche Erscheinung, die sie für mangelhaft halten, mit Hilfe von Kleidung, Kosmetika und selbst einer Behandlung beim Schönheitschirurgen zu verbessern.

Natürlich ist es klug, Aussehen und Gesundheit eine gewisse Aufmerksamkeit zu schenken, und das macht auch Spaß. Doch die Milliarden, die ausgegeben werden, damit Gesichter und Körper kosmetisch geschönt bleiben, lassen auf tiefverwurzelte Ängste schließen, daß wir in unseren eigenen Augen eigentlich nichts wert sind. Welchen Gewinn haben wir, wenn wir über diese Vorstellungen einer körperlichen Minderwertigkeit meditieren? Vielleicht wird uns auf neue, lustvolle Weise bewußt, daß wir durchaus den richtigen Körper haben, daß unsere charakteristische Einzigartigkeit ihre Schönheit hat. Das genaue Gegenteil wäre hier der abgelehnte Körper, der sorgsam mit Hilfe von Kosmetika und Kleidung versteckt wird. Wie können wir uns mit den körperlichen Mängeln so anfreunden, daß unsere ganze Persönlichkeit froh dabei wird? Wie können wir uns mit unseren Körpern anfreunden, damit wir nicht mehr wertvolle Zeit und Energie vergeuden, weil wir sinnlosen Dingen nachjagen?
Vielleicht halten wir auch nicht sehr viel von unseren geistigen Fähigkeiten. Unsere Schulbildung war möglicherweise nicht die beste, oder wir haben unsere Schulzeit nicht sehr gut genutzt. Es kann auch sein, daß unser Gefühl geistiger Unterlegenheit aus der Kindheit und Jugend herrührt, weil man uns damals direkt und indirekt spüren ließ, daß wir nicht besonders klug sind. Man gab uns das Gefühl, wir seien unfähig und würden wichtige Dinge nicht verstehen. Diese frühe Prägung ist kann dann in der Schule verstärkt worden sein. Wir redeten uns ein, wir seien nur mittelmäßig begabt, und fanden uns damit ab. Wir sagten uns einfach, wir seien nicht die Gescheitesten, und so liefen wir nicht Gefahr, uns selbst und unsere Umgebung dadurch zu stören, daß wir ein festes Selbstbild in Frage stellen und zerstören. Wie die alten Griechen dachten wir, es sei ungehörig und riskant, aus dem gewohnten Kokon eines mittelmäßigen Schülers auszubrechen. Wir wußten, wo wir hingehörten: der Kokon war warm, weich und sicher. Oder wir haben andersherum versucht, unsere Angst vor geistiger Unterlegenheit dadurch zu verbergen, daß wir heftig danach strebten, uns vor den anderen als sehr kluge, erfolgreiche Schüler darzustellen. Vielleicht schenkten uns die Eltern immer

dann Aufmerksamkeit und Zuneigung, wenn wir etwas erreicht hatten. Mit einer gewissen Beklommenheit konnten wir in unserer Gruppe den Eindruck lebendig erhalten, daß wir über einen hervorragenden Verstand verfügen. Hinter der Pose lauerte aber der zermürbende Verdacht, unser Selbstbild sei reichlich aufgebläht. Wir spürten das vor allem, wenn wir mit überlegenen Geistern oder solchen zusammen waren, die wir dafür hielten. Ganz gleich, wie unsere Gefühle der geistigen Unterlegenheit aussahen, wir müssen sie uns von neuem vor Augen führen. Was können wir aus dieser Erfahrung lernen? Möglich, daß wir dann in der Lage sind, uns von den Neidgefühlen und Ängsten zu befreien, die uns davon abhielten, unsere Talente zu erkennen und zu pflegen. Außerdem erleben wir unter Umständen zum erstenmal die Freude, die eigene, echte geistige Richtung, die Quellen der Phantasie zu finden.
In der Lebensmitte wird uns stärker als je zuvor deutlich, wie schwach entwickelt unser Gefühlsleben ist. Wir sehen, wir sehr wir gehemmt sind, unseren Kindern, Gefährten oder Freunden positive Gefühle zu zeigen oder sie offen von ihnen anzunehmen. Das mag vor allem für Männer gelten, die in ihrem Werdegang keine Zeit fanden, Gefühle auszudrücken. Zartere, sanftere Gefühle hielten sie für Zeichen der Schwäche und Verantwortungslosigkeit. Wenn Menschen, die ihr Gefühlsleben lange vernachlässigten, wahrnehmen, wie einseitig ihr Leben ist, sind sie meist sehr überrascht. Denn der Widerstreit der Gegensätze, hier ein Leben, das der Kopf bestimmt, dort die Entwicklung des Gefühlslebens, wirkt im Verborgenen und kann sehr schädlich sein. Um die Lebensmitte werden die Menschen, die vor allem vom Kopf her leben, von einer gärenden Unzufriedenheit erfaßt, weil sie immer mehr spüren, daß etwas Wichtiges fehlt. Außerdem merkt der Verstand selbst, wie öd und gleichgültig er geworden ist. Ihm wurde die reiche Nahrung, die das Gefühlsleben spenden kann, vorenthalten.
Die Entwicklung der Gefühlswelt hat viel mit den persönlichen Beziehungen zu tun. Das Bewußtsein, daß im Bereich der Gefühle etwas fehlt, entsteht aus einer Unzufriedenheit mit der Ehe oder den engen Freundschaften. Wenn wir jünger sind, stehen wir un-

ter dem Druck, im Beruf Erfolg haben und uns um die Familie kümmern zu müssen, und wir vergessen leicht die Gefühlseigenschaften, die für den Aufbau tieferer Beziehungen nötig sind. Wir glauben, daß sich die zwischenmenschlichen Beziehungen sozusagen automatisch entwickeln. Viele Männer überlassen es ihren Frauen, die Freundschaften und das gesellige Leben zu pflegen. Wer den zwischenmenschlichen Bereich, den Austausch der Gefühle vernachlässigt, entdeckt in der Lebensmitte plötzlich, daß die Prioritäten im Leben falsch gesetzt waren. Beruflicher Ehrgeiz führt ohne den Ausgleich, den Liebe und Freundschaft mit sich bringen, zu innerer Leere und dem Gefühl der Vergeblichkeit. Eine gescheiterte Ehe oder eine berufliche Enttäuschung zeigen uns, daß die Beziehungen viele Jahre hindurch oberflächlich und dadurch unzulänglich waren. Die Einsicht, daß Freundschaften aufgrund dieser Vernachlässigung, die mit einer Unreife der Gefühlswelt zusammenhängt, auseinandergingen, kann schmerzhaft sein. Da steigt die Wut über verpaßte Gelegenheiten auf, zusammen mit Ernüchterung und Trauer, weil das Leben auf Ziele ausgerichtet wurde, die nun leer erscheinen. Hier prallen der verinnerlichte Beruf mit seinem ehrgeizigen Streben und die Pflege tieferer menschlicher Beziehungen aufeinander. Natürlich muß es nicht zu diesem Konflikt kommen. Einige Menschen können berufliches und privates Leben auf bewundernswerte Weise in Einklang bringen. In unserer Kultur mit ihrer starken Betonung des beruflichen und materiellen Erfolgs findet man sich nur zu oft damit ab, daß Freundschaften und Liebe, die gegenseitige Anteilnahme, der Austausch in den Beziehungen austrocknen und eingehen.

Der Kampf der Gegensätze tobt in uns allen. Lange Zeit lenken wir uns ab und wollen die Konflikte nicht wahrhaben. Wir sind allzu eifrig bestrebt, in der Welt erfolgreich zu sein, und wollen uns nicht mit unserer inneren Unsicherheit auseinandersetzen. Wir wissen aber, daß wir nicht wachsen können, wenn wir uns weigern, die Gegensätze im Inneren zu sehen. Wenn in unserem Leben eine Zeit kommt, in der uns der äußere Schein nicht mehr so wichtig ist, begreifen wir, daß wir uns den inneren Spannungen stellen müssen, damit sie uns klar werden. Wenn wir glauben, unser Körper, unsere geistigen Fähigkeiten, unsere Gefühlswelt seien schlecht entwickelt, berauben wir uns nur der Möglichkeit, reifere Menschen zu werden.

*

Beginnen Sie die Meditation mit Atemübungen. Während Sie das tiefe Ein- und Ausatmen langsam wiederholen, denken Sie daran, wie wunderbar Ihr Körper ist. Das Atmen nehmen wir als selbstverständlich hin. Bei den meisten Menschen geschieht es ganz ruhig und wie von selbst. Und doch liegt ihm ein erstaunlich kompliziertes Zusammenwirken von Muskeln, Nerven, Organen und Blutkreislauf zugrunde. Diese lebenswichtige Funktion ist wirklich ein Wunder, ein ehrfurchtgebietendes Werk der Evolution. Dabei ist es nur ein Aspekt des Körpers. Denken Sie an die Wunder des Augenlichts, der Sinneswahrnehmungen, der Bewegung, des Hörens, des Sprechens. Alles, was uns an unserer körperlichen Erscheinung nicht gefällt, verblaßt vor der Tatsache, wie komplex und großartig der lebendige Körper ist. Der Grund, warum uns an unserem Aussehen etwas nicht gefällt, liegt häufig darin, daß wir gewisse oberflächliche Moden und Stilrichtungen zum Maßstab nehmen. Wenn wir über den grundsätzlichen Wert und die Trefflichkeit unserer Körper meditieren, werden wir frei von den gesellschaftlichen Übereinkünften, wie man auszusehen hat, und müssen uns nicht länger sklavisch an sie halten. Gehen Sie im Geist ohne Anstrengung von den Füßen bis zum Scheitel. Stellen Sie sich Ihren Körper in seinen Teilen und als Ganzes vor Ihrem inneren Auge vor und bewundern Sie ihn. Nehmen Sie ihn als das ehrfurchtgebietende Geheimnis hin, das er ist. Die ganzen Jahre waren Sie eins mit ihm, war er das zuverlässige Medium, das Sie durch das Leben trug. Wenn Sie möchten, sagen Sie dem Körper, wie dankbar Sie sind, wie sehr Sie ihn bewundern.

Wenn Sie ihn nicht mit Worten preisen, geben Sie wenigstens den entsprechenden Gefühlen in sich Raum.
Wenn Sie soweit sind, wenden Sie sich dem Thema Ihrer geistigen Unterlegenheit zu. Versetzen Sie sich in eine typische Situation, in der Sie die geistige Unzulänglichkeit erleben. Zunächst einmal ist es gar nicht nötig, daß Sie sich mit jemand messen, der vielleicht mehr weiß oder erreicht hat. Stellen Sie sich vor, wie Sie die Begabung eines Menschen schätzen und glücklich sind, von ihm zu lernen. Sie sehen dann, daß Sie sich ein Urteil bilden und abwägen können, was gesprochen oder getan wird. Sie stellen fest, daß Sie über einen vorzüglichen Geist verfügen, der sich vielen neuen Horizonten öffnen kann. Wenn wir älter werden, sehen wir besser, daß wir unsere geistigen Gaben, unsere vielfältigen Kenntnisse zum Besten anderer Menschen weiterreichen können. Denken Sie sich, wie Sie aus Ihrer Erfahrung schöpfen und jemand etwas vermitteln. Sie werden die deprimierenden Gefühle geistiger Unterlegenheit abschütteln, weil Sie wissen, daß sie auf sinnloses Vergleichen mit anderen zurückgehen. Sie werden diese Energieverschwendung aufgeben und Ihre geistigen Gaben einsetzen, um zu lernen und zu dienen. Ihre Kraft wird nicht von niederdrückenden Gefühlen aufgesogen, sondern bewirkt positive Dinge. Sie freunden sich mit Ihren geistigen Fähigkeiten an.
In der Lebensmitte wird Ihnen deutlicher bewußt, daß Sie gewisse Emotionen lange unterdrückt oder abgelehnt haben. Wenn wir an das Ziel denken, ein ganzer Mensch zu sein, ist der Preis für diese Einseitigkeit hoch. Lassen Sie das eine oder andere dieser verbotenen Gefühle ans Licht kommen. Möglicherweise haben Sie Sanftheit mit Schwäche verwechselt, oder Sie haben umgekehrt gelernt, die nützliche Energie des Zorns zu unterdrücken, weil sie für gefährlich oder unerwünscht angesehen wurde. Gehen Sie auf die Suche nach dem Gefühl, das Ihnen am fremdesten ist. Stellen Sie sich vor, Sie würden es ausdrücken, ohne Angst zu haben, was andere meinen könnten oder was daraus wird. Malen Sie sich aus, wie Sie in einer bestimmten Situation Sanftheit zeigen. Erkunden Sie Ihre Fähigkeit tiefer, ein liebevoller Mensch zu sein. Wenn Sie

sich vorstellen, wie Sie ein gewisses Maß an Wut ablassen, spüren Sie, daß Sie fähig sind, für Überzeugungen einzutreten und Herausforderungen mutig anzunehmen. Das meditative Üben gestattet uns, in der Phantasie in ein Rollenspiel mit Gefühlen einzutauchen, wodurch der innere Dialog mit seinem Ziel der Ganzwerdung heilsamer wird.

Zum Abschluß der Betrachtung sehen Sie sich in der Mitte eines weiten Kreises stehen, und in Ihnen selbst ist ein kleinerer Kreis zu sehen. Jeder Kreis besteht aus wertvollen Elementen, die in einer dynamischen, magnetischen Spannung zueinander stehen. Da sich die vielen Aspekte der beiden Kreise gegenseitig ergänzen, wird ein immer feineres Mosaik geschaffen, das Bild, wie Sie in der Welt sind. Richten Sie Ihre Aufmerksamkeit dankbar auf diese lebendige, bewegte Schöpfung. Sie ist ein Kunstwerk, das mit dem Alter schöner werden kann.

14
Den Glauben vertiefen

Im Alter sind wir aufgefordert, Glauben und Vertrauen zu vertiefen. Wir müssen uns aber klar sein, was Glaube bedeutet. Der Begriff ist wie das Wort Liebe stark von gewissen Erfahrungen abhängig, die für unsere Kultur typisch sind. So wie für die meisten Menschen Liebe mit romantischen oder leidenschaftlichen Gefühlen verbunden ist, wird Glaube mit bestimmten religiösen Richtungen in Zusammenhang gebracht. Wir sprechen ungenau vom katholischen, protestantischen und jüdischen Glauben. Dabei geht es vor allem um gewisse theologische Glaubenssätze, Moralvorstellungen und Riten, die sich mit der Beziehung zwischen Mensch und Gott befassen. Der Glaube kann in dieser Meditation mit den organisierten Religionen in Zusammenhang gebracht werden, ist aber an sich die tiefere persönliche Erfahrung, daß es ein Wissen, eine Bewußtheit gibt, die voll Vertrauen ist. Dieser Glaube wird in der Lebensmitte und im Alter besonders wichtig, weil wir im Lebensabschnitt der Reife über Fragen, was unser Leben und Tod ist, in Zweifel geraten. Der Kinderglaube hilft uns nicht weiter. Die gezielte Vernünftigkeit der Jugend reicht auch nicht aus. Wenn wir uns aus den gewohnten Abläufen in die stille

Zone der Selbstbetrachtung zurückziehen, können wir die Stimmen hören, die den Glauben ansprechen.
Wo in unserer Seele haben diese Stimmen ihren Ursprung? Die Frage nach ihrer Herkunft kann uns das Verständnis erleichtern. In der Kindheit lernen wir das erste Mal den Glauben in seiner Form als Vertrauen, das auf Erfahrung beruht, kennen. Was es auch an Höhen und Tiefen in dieser Zeit gibt, die grundlegende innere Haltung gegenüber Vertrauenswürdigkeit oder Unzuverlässigkeit der Welt übernehmen wir von den Eltern. Unsere Grenzen und Unsicherheiten zeigen uns, daß wir auf so etwas wie eine gütige Weisheit und Fürsorge angewiesen sind. Vor jedem streng methodischen Denken wissen wir schon, daß wir Kräften trauen müssen, die über unseren Verstand gehen. In dem Maß, wie unsere Bezugspersonen vertrauenswürdig waren, können wir mehr oder weniger echten Glauben entwickeln. Wenn unsere Eltern als gütige Helfer nicht sehr verläßlich waren, haben wir vielleicht einen gezielten, opportunistischen, scheinbar ergebenen Glauben entwickelt, der uns überleben läßt. Doch dieser opportunistische Glaube hat nur schwache Wurzeln und verdorrt in der Hitze des Lebens rasch. Wenn die Eltern übertrieben dominant waren, können wir eine Art von unterwürfigem Glauben erlernt haben, der uns die notwendige Zuneigung und Zuwendung sichert. Doch der Glaube, der in einem autoritären Umfeld entsteht, ruft Groll hervor. Er wird häufig zugunsten einer eigenständigen Vernünftigkeit aufgegeben, die uns später den Weg weist. Die Menschen, die in der Kindheit verletzt wurden, als sich der Glaube zu entwickeln begann, haben es schwerer, zu einem reifen, kraftvollen Glauben zu finden, aber unmöglich ist es nicht.
In der Zeit zwischen Jugend und jungem Erwachsenenalter ist eine unabhängige Vernunft besonders wichtig. Wir werden natürlich immer von vertrauensvollen Beziehungen mit unseren Eltern, Freunden und Gefährten getragen. In der Jugend ist das eigene Ende, die Sterblichkeit erfreulicher- und notwendigerweise noch fern. Wir gehen unseren Weg, gestalten unsere Zukunft und verlassen uns voller Vertrauen auf unser Urteilsver-

mögen, unsere Entscheidungen, unser Handeln. Wir geraten in dieser technologischen Kultur immer stärker unter den Bann der praktischen Vernunft mit ihrer Fähigkeit, die Ereignisse vorauszusagen und in den Griff zu bekommen. In dieser Zeit unseres Lebens richten wir uns nach vielen »profanen« Glaubenssätzen. Wir vertrauen dem Flugzeug und seinem Piloten, daß sie uns an unseren Bestimmungsort bringen. Wir vertrauen auf eine gewisse Fairness oder Gerechtigkeit im öffentlichen und privaten Leben. Viel von unserem profanen Glauben besteht aus Überzeugungen derart, daß unsere angewandte Wissenschaft ganz wunderbar sei, oder das Gleichgewicht der Interessen dafür sorge, daß die einigermaßen gerechte soziale Ordnung bestehen bleibt. Trotz aller Fragestellungen, die in der Jugend wichtig sind (den Krieg, eine Krankheit, ein anderes Unglück verhindern), ist dies doch zum größten Teil eine Zeit, die kurzsichtig auf Sicherheit bedacht ist. Es kann ein Segen sein, daß die inneren Stimmen eine Weile verstummen, während die einzelnen sich eine gewisse Ich-Stärke schaffen. Denn später im Leben, wenn die alten Stimmen lauter werden und gar rufen, kommt es auf Mut und Selbstbeherrschung an.

In der dritten Phase ab der Lebensmitte und im Alter werden die früheren Fragen zum Thema Glauben mit neuer Dringlichkeit gestellt. Die Welt der Eltern und ihre Unterstützung sind längst dahin. Das auf Vernunft gegründete Vertrauen der Jugend verblaßt, weil uns die eigene Sterblichkeit immer stärker bewußt wird. In der Lebensmitte sind wir aufgefordert, zu einer tieferen Form des Glaubens zu finden. Denn in dieser Zeit erkennen wir auf eine direkte, persönliche Weise, wie begrenzt und paradox das Leben ist. Unsere Erfahrungen zeigen uns, daß sich die Lieblingsträume der Jugend, die uns zum Greifen nahe schienen, in der neuen Morgendämmerung einer Wirklichkeit auflösen, die widersprüchlich ist. Leiden und Enttäuschungen im privaten wie öffentlichen Bereich haben uns zu Veteranen des Lebenskampfes gemacht. Wir tragen vielleicht noch den Mut der Jugend vor uns her, aber in unseren stillen Minuten wissen wir, daß die alten Schutzwälle Risse und Sprünge bekommen haben. Welches Vertrauen, welches Bewußtsein ist jetzt angemessen? Gibt es in uns und über uns hinaus eine gütige Macht, die uns helfen kann, einen neuen Sinn zu finden – sicher nicht den tiefsten Sinn, aber doch etwas, was mit ihm verbunden ist und uns die Energie gibt, die großen Fragen des Lebens anzugehen? Einige Aspekte des Urvertrauens der Kindheit werden Teil des neuen Glaubens sein. Doch die überlebensgroßen Elternbilder werden uns bei einer ernsthaften Suche keine Hilfe sein. Auch die hübschen, sich selbst bestätigenden Philosophien und Ideologien der Jugend werden sich angesichts der widersprüchlichen Rätsel des Lebens nicht als sehr tragfähig erweisen. Unsere Kartenhäuser fallen ein, und der Welt mit ihrem privaten und gesellschaftlichen Unheil ist mit keinem Heilmittel beizukommen.

Die leisen Stimmen des neuen Glaubens sind nur in der Stille und Abgeschiedenheit unserer Herzen zu hören. Anstöße von außen helfen natürlich, aber letztendlich müssen wir uns dem Rätsel unseres Inneren stellen, das außen in unserer persönlichen Geschichte Gestalt annimmt. Frisches Vertrauen, neue Gewißheit können zum Teil aus dem Dialog mit den Kräften des Unbewußten entstehen. Unsere verdrängte oder vernachlässigte »andere Seite« wird uns, wenn wir nach unserem eigentlichen Wesen fragen, einige unangenehme, aber wichtige Wahrheiten sagen. Sie wird uns außerdem zu einer vielschichtigeren und trotzdem erstaunlich einfachen Sicht der Wirklichkeit verhelfen, zu einem heilsamen Vertrauen in das lebendige Geheimnis und Rätsel, das uns umgibt. Der frische Glauben, der das Altern begleitet, macht sich die Risse in den Mauern unserer Jugend zunutze und bricht Öffnungen in unseren Ich-Panzer, damit wir durchlässiger für die Bedürfnisse und Hoffnungen der anderen werden. Wir verurteilen andere nicht so leicht und können uns eher auf ihren wahren Geist einstellen, wenn der durch die Risse unserer Abwehr kommt und unseren Geist berührt. Der neue Glaube wird uns nicht alles beantworten. Wir werden jedoch mutig die richtigen Fragen stellen und die Energie erhalten, mit der wir uns auf das Licht zubewegen und der Welt dienen können. Das Dienen ist wesentlich für diesen Glauben, der uns die Reife im Leben bringen kann. Der neue

Glaube zielt auf das Außen wie das Innen. Wir werden entdecken, wie das Leben immer wieder sein Vertrauen genau in das Bemühen um die soziale Gerechtigkeit, die Menschenrechte, das Umweltbewußtsein und viele andere Formen einer Kraft setzt, der dieser Planet nicht gleichgültig ist. Der neue Glaube wird weder unsere Zweifel verstummen lassen, noch alle unsere Leiden lindern. Er wird sie aber erträglich machen, sie wie Katalysatoren wirken lassen, und wir werden immer tiefer erfahren, was uns mit der Menschheit verbindet.

Wenn wir uns selbst besser verstehen, wenn unsere Geisteshaltung, unsere Interessen umfassender werden, werden wir ein neues Gottvertrauen kennenlernen. Vielleicht stoßen wir uns an dem Wort »Gott«, weil wir mit diesem Begriff in unserem Leben negative Erfahrungen gemacht haben. Die Neuentdeckung des Göttlichen hat nichts mit den stereotypen Aufrufen zu tun, sich dieser oder jener organisierten Religion anzuschließen. Manche Menschen finden traditionelle spirituelle Gemeinschaften, die den Prozeß beschleunigen, andere ziehen ihre Kraft eher aus scheinbar weltlichen Begegnungen. Was zählt, ist die allmähliche Erkenntnis, daß es in der Tiefe unserer Psyche und in der äußeren Welt eine gütige Wesenheit gibt. Ob dieser Gott einen Namen trägt oder nicht, er wird manchmal fern sein und uns enttäuschen. Möglich, daß Gott nicht das offenbaren wird, was Sie sich wünschen. Das Göttliche wird uns auch kein absolut endgültiges Ziel weisen. Dieser Gott eines reifen Glaubens hat vielleicht nicht die Macht, alles Böse in Gutes zu verwandeln. Der allmächtige Zauberer der Kindheit hat ausgedient. Was soll auch ein Gott, der Grenzen hat? Diese Fragestellung führt zu vielen Antworten. Wir wollen uns eine ansehen. Der Gott, der im reifen Glauben sichtbar und erlebbar wird, braucht keine Rechtfertigung und vernunftmäßige Erklärung. Wir erfahren diese göttliche Wesenheit im Inneren wie Äußeren des reifen Glaubens eher als eine stärkende, herausfordernde Güte.

Der Glaube an Gott, das Vertrauen in ihn, so wie wir sie eben beschrieben haben, bedeutet nicht, daß wir unsere Freiheit und Verantwortlichkeit aufgeben. Das Vertrauen »in Gott« zeigt uns vielmehr, wie wichtig unser schöpferisches Engagement für die Energien des Guten in der Welt ist. Ein Planet, auf dem Frieden, Gerechtigkeit und gegenseitige Achtung möglich sind, erfordert einen offenen, kraftvollen Glauben an die Zusammenarbeit mit der göttlichen Güte, die in der Welt wirkt. Dieser Glaube kennt kein Allheilmittel und will nichts rosig sehen. Wir wissen nicht, wie ein persönliches Sein nach dem Tod aussieht. Vielleicht genügt es, daß wir in unserem Leben etwas Schönheit und Liebe kennengelernt haben, daß wir das Licht der Hoffnung an unsere Kinder weitergegeben haben. Kollektiv gesehen gibt es nichts, was dem Weg der Menschheit eine endgültige Sicherheit verleiht. Vielleicht zerstören wir sogar das Leben, das sich in Milliarden von Jahren entwickelt hat. Was die Erde angeht, haben die Kräfte des Bösen unter Umständen das Übergewicht. Das Vertrauen in Gott verschließt nicht die Augen vor schrecklichen Möglichkeiten und erwartet auch kein Wunder wirkendes göttliches Eingreifen. Der Gott, der eingreift, ist vielleicht bloß ein Überbleibsel eines kindlichen Glaubens an die überlegenen Eltern, die uns trotz allem retten. Menschen, die im traditionellen Sinn religiös sind, wehren sich, die Vorstellung eines siegverheißenden Gottes aufzugeben.

Der reife Glaube für ein kreatives Altern kennt keine Erwartungen. Er hält nichts von einem Alter, das als zweite Kindheit, als Rückfall in das ehemalige naive Vertrauen gesehen wird. Zur Glaubwürdigkeit gehört, daß wir in den Abgrund, in die Leere blicken. Jesus kann uns mit seinem Glauben ein Vorgefühl der Reife vermitteln: »Laß diesen Kelch an mir vorübergehen« und »Mein Gott, warum hast du mich verlassen?« Die Kirche des Evangeliums hat diese beunruhigenden Worte, die ein Licht auf den Glauben Jesu werfen, vielleicht vorschnell mit der österlichen Siegesfeier überdeckt. Es ist hart, ohne die Sicherheiten, die wir so dringend zu benötigen scheinen, vor dem Nichts zu stehen. In Glaubwürdigkeit alt zu werden bedeutet, daß wir für die Eingebungen des Göttlichen aus der Tiefe unserer Psyche offen sind, daß wir uns den anderen Menschen öffnen, mit der Natur Zwiesprache halten und uns für eine bessere Gesellschaft verantwortlich einsetzen. Das Vertrauen in Gott ist ein Glaube, der sich auf Wagnisse einläßt. Angesichts der Wahrheit ist nichts anderes möglich.

*

Wenn Sie sich mit den Atemübungen auf diese Meditation vorbereiten, denken Sie an eine Bewegung, die in zwei Richtungen verläuft. Das Ausatmen wird zu einem Loslassen des falschen oder oberflächlichen Glaubens; das Einatmen wird zum Wunsch, einem reiferen Glauben Raum zu geben. Denken Sie daran, daß das Älterwerden hin zur geistigen Reife ein langsam fortschreitender Prozeß ist. Die höheren Stufen sind mit dem Willen allein nicht zu erreichen, und es nützt uns auch nichts, sie für verwirklicht zu halten, nur weil wir uns ihnen in einer geführten Meditation genähert haben. Diese Meditation setzt sich ein bescheideneres Ziel. Sie ermutigt Sie, Ihre Glaubenshaltung für die Lebensmitte und das Alter selbst ins Auge zu fassen.
Was werden Sie loslassen? Nur das, was Sie im jetzigen Lebensabschnitt gut aufgeben können. Denken Sie an all das, worauf sich Ihr Vertrauen schon sehr früh stützen konnte. Das können die Eltern oder ein Elternteil, vielleicht ein anderer Mensch oder eine Reihe wichtiger Ereignisse gewesen sein. Lassen Sie die Menschen, die Ihnen diesen Glauben vermittelten, vor Ihrem inneren Auge erscheinen. Sie mögen (wie Sie) Fehler gehabt haben, wiesen Ihnen aber den Weg in das Leben mit seinen Geheimnissen. Danken Sie jedem einzelnen, seien Sie dankbar für Ereignisse, die Ihnen zeigten, was Vertrauen sein kann. Sie vertiefen sich in das Atmen und nehmen diese frühen Geschenke des Vertrauens und der Zuverlässigkeit in sich auf. Mit jedem Einatmen holen Sie sie in Ihr Inneres.
Sie wissen aber auch, daß gewisse Züge des kindlichen Glaubens, die nicht eben zum geistigen Wachstum beitragen, in Ihnen erhalten blieben, und zwar, weil Sie entweder treu an ihnen festhielten, oder weil Sie sie ablehnten. Vielleicht klammern Sie sich noch

unkritisch an die oberflächlichen Gewißheiten des Kinderglaubens. In Augenblicken der Wahrheit bemerken Sie dann eine gewisse Unehrlichkeit. Sie suchen den Trost der kindlichen Gewißheiten, bewahren sie vor dem bedrohlichen, kritischen Blick Ihres erwachsenen Ich. Oder Sie haben sich aus Protest gegen die Mißstände in den organisierten Religionen verächtlich von dem Weg abgewandt, der zu einem erwachseneren Glauben führt. Unter dem Deckmantel der Freiheit und Selbständigkeit haben Sie eine freidenkerische Haltung entwickelt, die Sie vor der Begegnung mit dem Geheimnisvollen bewahrt. Sie wissen selbst am besten, wo Sie sich in diesem Spektrum vom Festhalten bis zur Ablehnung befinden. Suchen Sie nach den Haupthindernissen, die eine Entfaltung des Glaubens verhindern. Lassen Sie sie mit dem Ausatmen ziehen.

Betrachten Sie, in diesem Wechselspiel von Ein- und Ausatmen, auch die wichtigsten Leitgedanken Ihrer Jugend. Möglich, daß eine vernünftige, nüchterne Haltung dem Geist eines Glaubens an das umfassendere Geheimnis des Lebens eigentlich keinen Raum ließ. Sie hatten alles Einengende der frühen Jahre abgeschüttelt und waren der Ansicht, das Leben meistern zu können. Sie entwickelten Ihre Ich-Identität und wurden vertraut mit sich selbst. Sehen Sie sich selbst, wie Sie damals in den entscheidenden Phasen Ihres Werdegangs waren. Sicher lohnt es sich, das Wertvolle aus jener Zeit zu bewahren. Durch welche Leitgedanken Ihres Lebens ist aber eine Erfahrung des tieferen Glaubens verhindert worden? Rufen Sie sich den einen oder anderen Leitgedanken ins Gedächtnis zurück und lassen Sie ihn und seinen beherrschenden Einfluß mit dem Ausatmen aus sich herausströmen. Wenn Sie das einige Minuten geübt haben, wenden Sie sich jenen Lebensstadien zu, in denen Sie gezwungen waren, die Grundlagen Ihrer Motivierungen, Ihrer Weltanschauung zu hinterfragen. Nehmen Sie ein oder zwei Geschehnisse heraus, die deutlich zeigten, daß Sie sich verrechnet hatten, und die Ihr Leben durcheinanderbrachten. Die Erinnerung mag zwar schmerzhaft sein, enthält aber eine Botschaft, die von wesentlicher Bedeutung für Ihren Lebensweg ist. Fassen Sie sie in Worte und holen Sie sie mit dem Einatmen in sich herein. Stellen Sie sich vor, wie diese Botschaft durch Ihr gesamtes Wesen getragen wird und Sie auf die Tiefe des Glaubens vorbereitet.

Wenn Sie den Blick auf die Lebensmitte und das Alter richten, sehen Sie, daß dort die Möglichkeit für einen ehrlicheren Glauben besteht. Leicht wird der Weg, die Aufgabe nicht sein. Sie müssen alle Kräfte des Geistes und Herzens einsetzen, wenn Sie die beschwerliche Reise beginnen wollen, die zur Aufrichtigkeit führt. Sie bedeutet ein Leben voller Gegensätze und ohne Gewißheiten, ein Ringen mit hartnäckigen Übeln, eine Wanderung über unsicheres Gelände. Und doch sind Sie bereit, sich auf diese Reise zum Glauben zu begeben, weil Sie aufgrund Ihrer Lebenserfahrungen – vom Vertrauen der frühesten Kindheit bis zu den jüngsten, einschneidenden Ereignissen – für eine Weisheit offen sind, die über Ihr eigenes Bemühen weit hinausreicht und ihm Bedeutung verleiht. Wenn Sie die Meditation beschließen, richten Sie die Aufmerksamkeit wieder auf den regelmäßigen Rhythmus Ihres Atmens. Stellen Sie sich jetzt aber vor, daß Ihr Atmen kein Vorgang ist, der allein für sich und ohne Verbindung mit dem Universum stattfindet. Sie atmen mit Gott in der Welt: Sie werden von einer gütigen Wesenheit getragen, der Vertrauen wichtig ist, die Sie aufruft, in Ihrer Umgebung mehr für ein lebenswertes Leben zu tun.

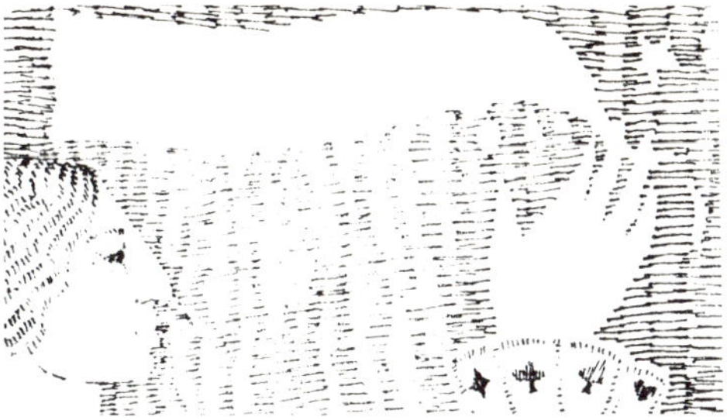

15 Hoffen

Wir Alten haben keine Zukunft. Ob das nun offen ausgesprochen oder versteckt angedeutet wird, im allgemeinen wird gern so gedacht. Eine Zukunft haben heißt, über eine gewisse, größere Zeitspanne verfügen zu können. Da die Älteren gewöhnlich nicht mehr viel Zeit vor sich haben, meinen viele, sie wären ohne eine Zukunft. In der modernen Welt wird schon den Menschen in der Lebensmitte eine Zukunft abgesprochen. Berufssportler sind mit fünfunddreißig »alt«. Nach Ansicht der Experten haben sie ihre Zukunft hinter sich. Das Zeitalter der Technik redet sich ein, nur die Jüngeren könnten Schritt mit den raschen Veränderungen halten. Aufgrund dieser Denkart wächst bei den im Berufsleben in höheren Positionen Stehenden die Angst vor einer sich schnell verdunkelnden Zukunft, wenn sie in der Lebensmitte auf der Karriereleiter nicht schon hoch genug geklettert sind. Junge Menschen machen sich verzweifelt Sorgen um die Zukunft. Werden sie nach den geltenden gesellschaftlichen Regeln Erfolg haben können? Wenn sie ihr Hochschulstudium beginnen, überlegen sie, wieviel sie verdienen werden. Selbst sie haben schon Angst vor der Zukunft. Und schließlich bedroht uns alle etwas, was es in der Geschichte noch nie gab: ein Atomkrieg kann jede Zukunft auf

diesem Planeten zunichte machen. Wenn die Zukunft so gefährdet ist, wie können wir da beim Altern an Hoffnung denken?
Es ist äußerst wichtig, über die Hoffnung nachzudenken. Der deutsche marxistische Philosoph Ernst Bloch bezeichnete den Menschen weniger als Tier, das denkt, sondern als eins, das hofft Wenn wir nichts haben, dem wir erwartungsvoll entgegensehen können, welken wir dahin und sterben. Die Literatur über die Konzentrationslager bestätigt uns das. Irgendeine Hoffnung, eine Zukunftsaussicht war nötig, wenn die Menschen unter den erniedrigendsten und grausamsten Umständen überleben wollten. Die jüdische und christliche Religion sind ganz wesentlich auf die Zukunft, auf eine Hoffnung ausgerichtet. Wie man den jüdischen, messianischen Glauben auch deutet, er ersehnt sich eine zukünftige Zeit, in der die Hoffnung auf Gerechtigkeit und Frieden alle Menschen einen wird. Die christliche Tradition gehört ebenfalls zu den sogenannten eschatologischen Religionen, weil sie ihre Hoffnung in ein zukünftiges Reich Gottes setzt, um das sich die Menschen bemühen müssen. Der christliche Glaube stützte sich in seiner Geschichte so sehr auf die Hoffnung und das zukünftige Reich, daß immer wieder Prophetengestalten eingreifen und die Ausrichtung auf die Zukunft mit der Notwendigkeit einer Gerechtigkeit in der Gegenwart verbinden mußten, damit die Christen sich nicht nur in eine zukünftige Welt flüchteten. Die humanitäre Gesinnung der letzten drei Jahrhunderte, die ihre Wurzel im Zeitalter der Aufklärung hat, stellt eine Art weltlicher Religion der Hoffnung dar. Wichtig sind ihr die Demokratie, die Freiheit des Menschen und der Fortschritt der Wissenschaften. Das alles weist auf zukünftige Möglichkeiten, auf eine veränderte Lage der Menschheit hin.
Dieser kurze Ausflug in die Geschichte ist wichtig für unsere Meditation; er hilft uns verstehen, wie tief wir von einem Bewußtsein erfüllt sind, das eine bessere Zukunft herbeisehnt. Und so verstehen wir auch, wie schrecklich für alternde Menschen das Gefühl sein muß, keine Zukunft mehr vor sich zu haben. Wir können uns leicht vorstellen, welche geistigen und körperlichen Schwierigkeiten bei alternden Menschen auftreten, die nichts

mehr von der Zukunft zu erwarten haben: Depressionen, Rückzug, Krankheiten, Verzweiflung. In unserer Meditation ist es daher wichtig, nach einer Zukunft Ausschau zu halten, die uns als Alternden offensteht und eine Art Gegengewicht bildet.
Wenn wir in der Lebensmitte stehen oder uns dem Alter nähern, liegt eine Hoffnung für die Zukunft darin, daß wir aus der Zeit, die uns bleibt, das Beste machen. Da die meisten von uns lange unter dem Einfluß einer äußerst materialistischen Kultur standen, der nur das Meßbare wichtig ist, wird ein ernsthaftes Überdenken unserer Einstellung unumgänglich. Unser bisheriges Denken und Fühlen zu überwinden und umzuwandeln ist keine leichte Aufgabe. Von Kindesbeinen an haben wir gelernt, daß Macht und Ansehen von materiellem Reichtum abhängig sind. Unser Gefühl der Identität und Sicherheit kann eng mit den quantitativen, meßbaren Aspekten des Lebens verknüpft sein. Einer davon, die noch verbleibende Lebenszeit, liegt jedoch außerhalb unseres Machtbereichs. Außerdem sind alle anderen materiellen Güter, denen wir so großen Wert beimessen, ohne diesen Zeitfaktor nichts. Und über ihn haben wir keine Macht. Wenn wir sterben, sind alle diese Dinge für uns ausgelöscht. Wenn wir in qualitativen Begriffen über die Zukunft nachdenken, nehmen alle Gegenstände, alle Reichtümer, die wir angesammelt haben, einen anderen Platz auf unserer Dringlichkeitsliste ein. Vielleicht macht uns der Gedanke Freude, unseren Kindern oder der Gesellschaft etwas zu vermachen. Auch hier ändert sich etwas: es geht gar nicht so sehr um die materiellen Dinge selbst, sondern eher um den Akt des Schenkens, ein Handeln, bei dem es um Qualitatives geht. Ohne tiefer auf das Thema einzugehen, können wir hier auf einen qualitativen oder ethischen Aspekt hinweisen. Wieviel von unserem angesammelten Reichtum, der uns schließlich dazu verpflichtet, etwas für die Gesellschaft zu tun, sollen wir unseren Familien hinterlassen? Aber sehen wir uns die qualitativen Aspekte unserer kürzer gewordenen Zeit im Alter genauer an. In der »Weisheit Salomos« heißt es zu diesem Thema: »Denn ein Alter in Ehren ist nicht, das lange lebt, oder viele Jahre hat: Klugheit unter den Menschen ist das rechte graue Haar, und ein unbeflecktes Leben ist das rechte

Alter« (4, 8-9). Im selben Kapitel steht der Vers: »Er ist bald vollkommen geworden, und hat viele Jahre erfüllt« (4, 13). In diesen Zeilen betont der Verfasser der »Weisheit Salomos« bestimmte Werte und Eigenschaften, die zu einem Altern in Ehren gehören. Wenn wir uns auf eine solche Zukunft vorbereiten wollen, müssen wir das ethisch und geistig Wertvolle unserer Vergangenheit verfeinern und ihm in unserer kürzer gewordenen Zukunft den Vorrang einräumen. Diese Werte sind von Mensch zu Mensch verschieden, haben aber gemeinsame Merkmale: das Wohlergehen der Menschen und die Achtung vor der ganzen Natur. Manche werden sich einzelnen Menschen zuwenden und persönlich etwas für sie tun, andere werden Wege finden, durch öffentliche Gruppenaktivitäten eine Gemeinschaft entstehen zu lassen und der Welt in Liebe zu begegnen. Diese alternden Menschen haben zwar nicht mehr viele Jahre vor sich, aber eben doch eine erfüllte Zukunft, in der sie anderen Menschen helfen und sich für Frieden, Gerechtigkeit und eine gesunde Umwelt einsetzen. Die typische Hoffnungslosigkeit materieller Zielsetzungen weicht dem tiefen Optimismus, den ein geistiges und spirituelles Wachstum mit sich bringen.

Alternde Menschen haben eine Zukunft, weil sie mit den kommenden Generationen verknüpft sind. In unserer sehr individualistisch eingestellten Kultur haben wir einiges Wertvolle eingebüßt, das sich früher in großen Familien oder im Stamm entfalten konnte. Das Wohlergehen einer Gemeinschaft ist uns selten wichtiger als unser persönliches Überleben. Und doch sind wir nach wie vor Wesen, die sehr aufeinander angewiesen sind. Von Geburt an brauchen wir andere Menschen, die uns körperlich, geistig und emotional unterstützen. Unsere Kinder und die anderen, die wir beeinflußten, werden auf unterschiedlichste Weise weitergeben, was sie von uns erhalten haben. Die jüdische Tradition kennt noch das Gefühl, daß die Menschen in ihren Nachkommen weiterleben. Kleinere Völker, die sich gegen größere behaupten müssen und eine eigene Identität bewahren wollen, pflegen in ihren Überlieferungen intensiver die Vorstellung einer Volksgemeinschaft, die im Gedächtnis zukünftiger Generationen weiterbestehen wird.

Die wichtigsten Lehren des Christentums haben schon den Grund für diese wechselseitige Verbundenheit gelegt, wenn sie auch in der modernen Gesellschaft häufig verlorengeht. Das gilt vor allem für den katholischen Glauben mit seinem Gefühl der Zusammengehörigkeit, der organischen, wechselseitigen Abhängigkeit aller, die am kirchlichen Leben mit seinen Sakramenten teilnehmen. Die Kirche wird auch als der Leib Christi verstanden. Die übliche Frömmigkeit mit ihrer übertriebenen Betonung des persönlichen Verhältnisses zu Gott hat das Gefühl überdeckt, daß das Heil eine gemeinschaftliche Sache ist. Wenn wir der Gemeinschaft, in der wir weiterleben werden, etwas gegeben haben und uns diese Tatsache Frieden und Zufriedenheit schenken kann, finden wir auch in unserem Alter eine Quelle der Hoffnung. Wir sind dann im Alter geneigt, ein besonderes Interesse für die zukünftigen Generationen zu entwickeln und uns fürsorglich um sie zu kümmern, da sie uns weiterführen und unsere Hoffnung sind.

Für viele Gläubige haben die älteren Menschen eine Zukunft in Gott. Wir wissen nichts über die Art und Weise eines Seins nach dem Tod, ob es dem persönlichen Bewußtsein ähnelt, wie wir es jetzt kennen, oder ob wir im Gedächtnis Gottes bleiben und so teilhaben am göttlichen Leben. Und doch kennen wir eine Glaubensgewißheit, die auf unserer spirituellen Gotteserfahrung in diesem Leben beruht. Natürlich erleben wir vieles, was auf der Welt geschieht, als schrecklich, planlos, unreif, und führen es auf das Wirken eines unerklärlichen Zufalls zurück. Uns ist aber auch die entgegengesetzte Erfahrung eines Gottes nicht fremd, der uns erhalten hat, der uns viele Jahre treu war, und dessen Treue uns für die Zukunft hoffen läßt. Wir sehen dieser Zukunft mit einem gewissen Bangen vor dem Unbekannten entgegen. Wir bewegen uns aber in der Zuversicht weiter, daß der Gott, der unser Dasein ermöglicht, es irgendwie über das Grab hinaus erhalten wird. Diese Hoffnung für die Zukunft kann uns friedvolle Jahre bescheren und uns vor übermäßiger Todesangst bewahren.

Nehmen Sie eine entspannte Meditationshaltung ein, werden Sie ganz still. Machen Sie Atemübungen. Versuchen Sie dann, sich vorzustellen, wie Sie als älterer Mensch entweder in der Lebensmitte oder im Alter sein werden. Sie begreifen, daß die stetige Bewegung des Lebens die Zukunft immer kürzer werden läßt. Sie spüren, wie in diesem Zusammenhang eine gewisse Besorgnis aufkommt, weil in den Nebeln, die den Weg vor Ihnen einhüllen, Schmerz und Verlust auf Sie warten könnten. Stellen Sie sich vor, daß Sie im Voranschreiten jedoch Macht, Prestige und Reichtum mit ihrem ganzen Drum und Dran, das nur den Schein einer Hoffnung gewähren kann, beiseite schieben. Sie achten diese Dinge, aber sie verlieren für Sie an Bedeutung. Sie werden allmählich zu einem Menschen, der in der Zeit, die ihm noch bleibt, nach Wertvollerem sucht. Sie fragen nach der Wahrheit, begegnen den anderen freundlich und mit Achtung, sind gerecht und verstärken Ihre Fürsorge – all das wird für Sie im Lauf der Jahre immer wichtiger. Obwohl die Zeit kürzer wird, nimmt das Leben geistig und spirituell gesehen an Intensität zu.

Denken Sie an die Menschen, die Ihnen am nächsten stehen: die Familie, die Freunde, vielleicht die jüngeren Arbeitskollegen. Überlegen Sie, was diese Menschen im Augenblick wohl am nötigsten von Ihnen brauchen. Mit dem Einatmen bewegen Sie sich in Ihr Inneres und suchen nach dem, was Sie diesen Menschen geben können. Wenn Sie ausatmen, sehen Sie, wie Sie Ihre Gaben an diese Menschen verteilen. Stellen Sie sich vor, wie sie Ihre Gabe annehmen und zu einem Teil von sich werden lassen. So wie Ihre Kinder gewisse Züge tragen, die an Sie erinnern, werden diese Menschen Ihre Zukunft sein, weil Sie über Ihren Tod hinaus in ihnen weiterleben. Richten Sie Ihre Aufmerksamkeit nun auf eine Gruppe, bei deren Arbeit Sie mitgeholfen haben. Malen Sie sich aus, wie diese soziale Bewegung einige ihrer Ziele verwirklicht und sich neue setzt. Die Gruppe wird Sie wahrscheinlich überdauern, und auch sie ist Ihre Zukunft und läßt erhoffte Dinge Wirklichkeit werden. Schöpfen Sie Trost und Zufriedenheit aus diesem gemeinsamen Ganzen: Sie werden in ihm weiterleben.

Zum Abschluß dieser Betrachtung stellen Sie sich vor, wie Sie eine wunderschöne Straße entlangblicken, die durch einen dichten Wald führt. Hinter der Kurve vor Ihnen erscheint ein Licht. Sie sind erstaunt, haben aber keine Angst. Wenn das Licht näherkommt, entdecken Sie eine leuchtende menschliche Gestalt, die Ihnen die Hände zum Gruß entgegenhält. Sie erkennen auf einmal, daß die Erscheinung die gütige Wesenheit des Göttlichen ist, die sich Ihnen als Ihre Zukunft nähert. Sie wissen nicht, was nach der Kurve kommt, aber der Anblick hat Sie an seelische Erfahrungen denken lassen, die Ihnen von früher vertraut sind. Sie können der Gestalt mit den einladend ausgestreckten Händen trauen: es erscheint Ihnen richtig, sich verbunden mit Gottes Zukunft in die eigene Zukunft hineinzubewegen. Sie spüren, daß die Straße nach der Kurve unendlich weitergehen wird. Sie begreifen, daß Sie ein Teil der Zukunft Gottes sind. Ihre Hoffnung hat sich erfüllt: Sie ruhen voller Lebendigkeit friedlich im göttlichen Geist.

16
Lieben

In der Lebensmitte und im Alter an Liebesfähigkeit zuzunehmen, ist ein hohes Ziel des kreativen Alterns. Das Wort »Liebe«, das wir so häufig verwenden, hat aber viele Bedeutungen, die ungenau und schief sein können. Manchmal sprechen wir das »Ich liebe dich« so mechanisch aus, daß etwa so viel darin mitschwingt wie bei einer Zeitangabe. Wir reden von Menschen, die sich verlieben; von Filmen und Medien werden wir ständig mit den unterschiedlichsten Liebesgeschichten bombardiert. Wir reden davon, daß wir unsere Arbeit lieben, unsere Autos, unsere Tiere, unser Land, unsere Kleider und Wohnungen. Das Wort wird so allgemein verwendet, daß es fast schon seine Bedeutung verloren hat. Trotz der Trivialisierung der Liebe wissen wir, daß sie irgendwie das höchste Gefühl und Verhalten ist, zu dem wir Menschen fähig sind. Wir sagen, die Liebe sei stärker als der Tod, und daß unser bestes Tun und Handeln von ihr getragen ist, daß sie die edelste Form der menschlichen Beziehungen darstellt. Wenn wir uns diesen Wald oft widersprüchlicher Auffassungen ansehen, fragen wir uns, ob es richtige Wege gibt, und wie wir sie finden können. Was heißt es für uns, mit fortschreitendem Alter liebevollere Menschen zu werden? Die folgenden Gedanken versuchen, einen

Weg hin zu einer realistischen und lohnenden Meditation zu bahnen, die sich mit dem Altern und der Liebe befaßt. (In einigen Gedankengängen bin ich M. Scott Pecks Behandlung des Themas Liebe verpflichtet: *Der Wunderbare Weg*. Goldmann 1989).
Sehen wir uns zunächst die Liebe im Zusammenhang mit dem Lebensalter an. Im wesentlichen bemerken wir hier eine allmähliche Bewegung von einer narzißtischen, um das Ich kreisenden, Einstellung zu einer altruistischen, die sich selbstlos auf andere bezieht. Natürlich finden wir diese beiden Extreme auf jeder Stufe; das ist auch gut so. Denn wir können andere nicht richtig lieben, wenn wir uns selbst nicht lieben. Das Spektrum der Entwicklung bewegt sich aber, wenn wir an die Ideale dieser Meditationen denken, vom ich-bezogenen Vergnügen in der Kindheit zu irgendeiner Form umfassenderer Hingabe an die Welt im höheren Alter. Die Liebe ist die körperlich-seelische Energie, die uns in mehr oder weniger narzißtischer oder altruistischer Weise drängt, in eine Beziehung oder Verbindung mit der Welt zu kommen. Thomas von Aquin spricht vom Verlangen des Liebenden, eins mit dem Geliebten (dem Objekt) zu werden. Von unserem heutigen psychologischen Verständnis her sollten wir hinzufügen, daß wir sowohl mit unserem verinnerlichten »Objekt« wie mit der äußeren Wirklichkeit eins sein können. Wenn sich auch einige aufgrund eines psychischen Traumas nicht auf das Wagnis der Liebe einlassen können, die nach Einssein strebt, so sehnen sich doch die meisten empfindenden Wesen nach der Ergänzung, die eine Beziehung mit anderen bringt. Diese Beobachtung ist wichtig, weil sie uns zeigt, wie unsicher und unvollkommen wir uns fühlen, wenn wir allein sind. Diese Erfahrung des Mangels, das Gefühl, daß etwas fehlt, liegt beiden Formen der Liebe, den positiven wie den negativen, zugrunde.
Wenn wir die Liebe als eine allumfassende Energie sehen, so ist sie auf der menschlichen Ebene eher eine Sache des Wollens als des Fühlens. Wir lassen uns nur schwer überzeugen, daß die Liebe eher dem Willen als der Emotion entspringt, wobei die Gefühle natürlich auch mitsprechen. Diese Einstellung geht zum Teil darauf zurück, daß wir die leidenschaftliche Liebe zu einem anderen

Menschen als sehr intensiv erleben, zum Teil aber auch auf unsere Kultur, die die geschlechtliche Liebe stark betont. Die Gesellschaft preist ständig die das Ideal der romantischen Liebe, und ihr Einfluß wird so stark, daß viele Menschen sie für die *einzige* Form höchster Erfüllung ansehen und sich nach ihr sehnen. Sie sind tief enttäuscht, wenn sie sich nicht einstellen will, sie fühlen sich betrogen und sind deprimiert. Die romantische Liebe mag zwar die Menschen für kurze Zeit vereinen, doch wird sie leicht äußerst narzißtisch und meint irrigerweise, zwei Persönlichkeiten verschmelzen zu können. Sie ist eher eine Art Verliebtheit als echte Liebe. Diese Verliebtheit gesteht zwei sich entfaltenden Persönlichkeiten keine Freiheit zu, sondern versucht immer wieder, den notwendigen Abstand aufzuheben. Das geschieht, wenn wir uns den geliebten Menschen unterordnen oder von ihnen verlangen, daß sie unseren auf sie projizierten Bedürfnissen entsprechen. Wenn die Emotion, die aus dem Gefühl der Unsicherheit und des Mangels entspringt, über den Willen herrscht, ist kein Raum für eine wirklich altruistische Liebe. Statt der ersehnten Vereinigung auf allen Ebenen erleben die Menschen den aussichtslosen Kampf widerstrebender, fehlgeleiteter Emotionen. Häufig genug erreicht dieser Kampf um die romantische Liebe in der Lebensmitte seinen Höhepunkt, wenn Männer und Frauen zum letzten Mal die schiefen Träume ihrer Kultur in die Wirklichkeit umsetzen wollen. Wenn Menschen die eigentliche Bedeutung der Liebe nie verstanden haben, jagen sie vielleicht im Alter immer noch narzißtischen Ersatzbefriedigungen nach. Sie kennen die Möglichkeiten einer sich ausweitenden, altruistischen Liebe nicht.

Aus dem Gesagten können wir einen brauchbaren Entwurf für die Liebe des schöpferischen Alterns entwickeln: sie führt zu persönlichem Wachstum, weil sie die Entfaltung der einzelnen und der Gemeinschaften anstrebt und unterstützt. Das hat nichts mit masochistischer Selbstaufopferung für andere zu tun, die doch nur wieder eine Form narzißtischer Beherrschung der anderen ist. Nein, richtige Liebe drückt sich darin aus, daß wir auf unsere Weise etwas für das Wohlergehen der anderen tun und daran Freude finden. Diese leicht zu verwechselnden Formen der Liebe unterscheiden sich vor allem darin, wie sie mit der Selbständigkeit anderer Menschen umgehen. Wer sich selbst aufopfert, schafft im Grunde eine Abhängigkeit und hat die anderen in der Hand. Wer wirklich liebt, achtet die Persönlichkeit der Menschen in ihrer Selbständigkeit, mit ihren Bedürfnissen, und läßt das Andersartige, Persönliche gelten. Im Lateinischen sprach man von der wohlwollenden Liebe, die das Wohl der anderen anstrebt, in dem Prozeß der Beziehung Freude findet und durch ihn wächst. Wahre Liebe dreht sich um eine wunderbare Gegenseitigkeit: die Partner nehmen und geben zugleich.

Diese Art Liebe erfordert harte Arbeit. Wir sind eigentlich nicht bereit, die Liebe als Arbeit zu sehen. Wir sind eher der Ansicht, daß es bei der Liebe um Wesensentsprechungen, plötzlichen Zauber und wie von selbst einsetzende Gefühle geht. Natürlich gehört zur Liebe auch Spiel und zufälliges, glückliches Entdecken; die Arbeit in der Liebe ist keine Plackerei. In der Lebensmitte wissen wir aber längst aus Erfahrung, daß der »schöne Zauber« aus Entscheidungen und Taten entsteht, die vom Willen ausgehen und kaum etwas mit verliebter Leidenschaft zu tun haben. Denken Sie ein wenig über die Liebe als Arbeit nach, und zwar unter fünf Gesichtspunkten, die wünschenswerte innere Haltungen beleuchten. Es geht um Zuhören, die anderen sein lassen, sich Begegnen, sich Engagieren und gemeinsames Dienen. Wir haben es hier mit Zuständen, mit einem dynamischen Prozeß zu tun, in dem die fünf Aspekte ineinanderspielen, sich wechselseitig ergänzen und uns ständig fordern.

Liebe braucht das Zuhören. Von früh bis spät hören wir mehr oder weniger aufmerksam alle möglichen Geräusche, doch sind wir dabei eher passiv. Aktives, gutes Zuhören ist eine große Kunst. Die meisten von uns (vor allem die Männer) merken in der Lebensmitte, wie ungeschickt wir uns hier anstellen, und daß wir gar nicht wissen, was richtiges Zuhören ist. Wir glauben, es sei schon Zuhören, wenn wir Worte und Gedanken verstehen. Vielleicht greifen wir rasch zu gutgemeinten Antworten, die die Probleme lösen sollen. In vielen Fällen haben wir jedoch die eigentliche Frage oder Aussage gar nicht gehört, die unter Umständen eher etwas mit der Gefühlswelt des Sprechers zu tun hat und nicht auf vernünftige Lösungen aus ist. Die Lösung intellektueller Probleme fällt uns leichter, weil sie uns gewöhnlich nicht direkt betreffen. Es kann wunderbar werden, wenn wir mit dem Herzen zuhören, obwohl wir dabei mit Dingen in Berührung kommen können, die schmerzen. Wir meinen manchmal, wir hätten nichts zum Gespräch beigetragen, keine glänzenden Lösungen angeboten und uns nur eingefühlt. Und doch kann sich dieses mitfühlende Zuhören günstig auf den Heilungsprozeß in den anderen auswirken. Keine unserer Beschwörungen wird diesen Zauber entstehen lassen; Gnade erblüht im Innern.

Die Liebe ist nur möglich, wenn wir »die anderen sein lassen«. Hier geht es um die Achtung vor der selbständigen und andersartigen Persönlichkeit der Partner. Das ist vielleicht die schwerste Lektion. Aufgrund unseres gedankenlosen Verlangens nach Befriedigung der Selbstwertgefühle in einer Umgebung, die uns Sicherheit verspricht, projizieren wir unsere Scheinbedürfnisse oder Wünsche auf die anderen und stellen Forderungen an sie. Wir wollen nicht wahrhaben, daß sich die anderen in ihrer Persönlichkeit von uns unterscheiden, daß sie ihre angeborenen Eigenschaften und Ausdrucksweisen haben. Das führt in Beziehungen häufig zum Stillstand, zur Lähmung. Groll staut sich auf und vergiftet das Miteinander durch unausgesprochenen, unangebrachten oder übertriebenen Ärger. Weil wir selbst unsicher sind, unterdrücken wir alles wirklich andere an unseren Partnern. Wir üben eine falsche Macht aus, die uns zu stärken scheint, aber eigentlich ein Wachstum unmöglich macht. Wenn wir uns in der Lebensmitte von der Macht des Ich, das alles bestimmen will, abwenden und die Macht kennenlernen, die Dinge ermöglichen will, werden sich neue Wege für uns öffnen, das Anderssein der Menschen, die wir lieben, gelten zu lassen. Nur wenn wir uns frei fühlen, das zu sein, wozu wir geboren sind, kann wahre Liebe aufblühen.

Liebe bedeutet sich begegnen, sich stellen. Wir würden es uns zu einfach machen, uns sogar schaden, wenn wir versuchen, die anderen so sein zu lassen, wie sie sind, und zugleich erwarten, daß es ohne Differenzen abgeht. Wenn sich eine Liebesbeziehung ent-

wickeln soll, muß es notwendigerweise zu Konfrontationen kommen. Wenn ihnen ausgewichen wird, muß einer der Partner, womöglich aus dem falsch verstandenen Gedanken heraus, den anderen »sein zu lassen«, in Konfliktsituationen die eigenen Gefühle und Ansichten unterdrücken. Das Leben ist voller Ereignisse, die zu Konflikten führen und einen ehrlichen Kompromiß erfordern. Hier ist Verhandlungsgeschick oder das diplomatische Vorgehen der Liebe wichtig. Wie wir aus Erfahrung wissen, können Konfrontationen ein explosives Minenfeld sein, voller Gekränktheiten, Wut und Anklagen. Sich einer Konfrontation stellen ist nicht die einzige Form, in der man sich in einer Beziehung mit sich selbst und den anderen auseinandersetzen kann. Vielleicht ist es klüger, einen weniger dramatischen Einfluß auf die Ereignisse zu nehmen, indem wir Vorschläge machen, Beispiele geben, Fragen stellen oder neue Bedingungen schaffen. In einer nahen, länger dauernden Freundschaft ist jedoch ein gewisses Maß an Konfrontation unumgänglich. Es ist wichtig, daß Liebende ihre Vermutungen und Motive erst kritisch prüfen, bevor sie sich auf eine Konfrontation einlassen. Die Gewißheit, recht zu haben, muß durch ein offeneres Vertrauen in den eigenen Standpunkt ersetzt werden. Die Kunst der Konfrontation wird in der Lebensmitte und im Alter ein wesentliches Element tieferer Liebesbeziehungen. Sie ermöglicht Paaren und Freunden, psychische Blockaden zu durchbrechen und neue Ebenen gegenseitiger Wertschätzung zu erreichen. Sie kann Kinder in die Lage versetzen, die Beziehung zu den Eltern zu vertiefen.
Zur Liebe gehört Engagement. Keine Beziehung kann vertieft werden, wenn die Beteiligten sich nur halbherzig auf sie einlassen. Überdies muß das Engagement der Liebe jeden Tag erneuert werden, nicht nur anläßlich von Feiern wie Hochzeiten und Jubiläen. In diesem Zusammenhang gibt es zwei extreme Haltungen. Eine ist die neurotische Angst vor jedem Engagement, die viele junge Menschen heute haben, wenn sie an ein mögliches Scheitern der Ehe mit seinen schmerzhaften Begleiterscheinungen denken. Ihre Anzahl steigt, und diese Menschen neigen auch dazu, Karriere und materielle Ziele für wichtiger zu halten als Bezie-

hungen. Das andere Extrem finden wir bei Menschen, die in stagnierenden und selbstzerstörerischen Beziehungen ausharren und sich nicht um neue Möglichkeiten bemühen. Die Psychotherapie kann mithelfen, Beziehungsprobleme zu lösen oder selbstzerstörerische Beziehungen zu beenden. Dieser Aufruf zum Engagement, zum Sich-einlassen, möchte die beiden Extreme vermeiden. Engagement hat viel mit gütiger Liebe zu tun. Liebe bedeutet, das Wohlergehen der anderen im Auge zu haben (und dabei selbst zu wachsen). Ohne wahres Engagement wird die Liebe zu einem Wunschdenken, das sich bald verflüchtigt. Engagement besteht darin, das Ziel der Liebe durch Handeln zu verwirklichen. Es bedeutet, sich konkret auf die Traurigkeit und Freude, das Risiko und die Verheißung des Liebens einzulassen. So wird die Arbeit der Liebe sichtbar, ob es dabei nun um Erwachsene oder Kinder geht. Lieben heißt etwas aufbauen, machen und umgestalten. Es braucht Energie, wenn wir geistige, emotionale und spirituelle Brücken über die Kluft schlagen wollen, die uns trennt. Wie unser Leben in der Mitte der Jahre und später aussieht, hängt zu einem großen Teil davon ab, wie sehr wir an unseren Beziehungen, an der Liebe arbeiten wollen.

Als Liebende alt zu werden heißt eigentlich auch, daß wir uns weiter auf die bedingungslose Liebe zubewegen, auf eine umfassendere Liebe, in der wir gemeinsam der Welt dienen. Zusammen mit unseren Freunden und Partnern uneingeschränkte Selbstlosigkeit an den Tag zu legen kennzeichnet das höchste Ideal der alternden Menschen. Natürlich mischen sich in unseren Motiven stets Eigeninteresse und Altruismus. Eine allmähliche Läuterung des Strebens ist aber möglich. Wir können uns diesem Zustand selbstloser Liebe besser nähern, wenn wir in der Lebensmitte die Hinwendung von der Ich-Bezogenheit zum Loslassen erlebt haben, das Teil des Glaubens ist. Dann begreifen wir, daß unsere wahre Berufung darin besteht, zu einem reicheren Leben der anderen und zum Wohlergehen der Welt beizutragen. Wenn wir in enger Freundschaft altern, macht uns die Liebe der Welt zugewandt, damit wir die Menschheit, die weite Welt der Natur gemeinsam bereitwillig annehmen. Anne Lindbergh beschrieb solche Paare mit einem Bild: zwei Muschelschalen, die sich nicht länger einander zuwenden, sondern sich verbunden der Welt öffnen.

Wenn wir über den Zustand der Liebe meditieren, denken wir zu Beginn daran, daß Ideale ebenso lähmend wie anspornend sein können. Idealistische Auffassungen von der Liebe können entmutigend wirken, wenn wir darüber nachdenken, wie weit unsere tatsächlichen Beziehungen von ihnen entfernt sind. Als Menschen, die sich dem Alter nähern, sollten wir aber wissen, daß keine Freundschaft vollkommen ist. Wir gehen mit der Hoffnung an diese Meditation heran, etwas zu lernen, Einsichten zu haben, Gefühle, die uns positive Entscheidungen und Handlungen erleichtern. Wir spüren, daß wir uns einem der großen Geheimnisse des Lebens nähern, der Kunst zu lieben. Auf diesem Weg werden sich gewisse Mißerfolge nicht umgehen lassen. Wir machen kleine Schritte, unternehmen aus unserer Hoffnung heraus behutsame Versuche.

Wenn Sie mit Hilfe der Atemübungen Ihre Mitte gefunden haben, stellen Sie sich vor, daß Sie in einen schönen Garten gehen. Er ist quadratisch und von Steinmauern umgeben, an denen ein Laubengang entlangläuft. In der Mitte des Gartens befindet sich ein großer, runder Brunnen, und das Wasser rieselt leise über die Ränder seiner Schalen. Die Sonne scheint. Sie sind allein, Sie hören nur das Wasser rieseln und gelegentlich Blätter rascheln. Während Sie langsam das Quadrat abschreiten, wird Ihnen bewußt, daß der ganze Garten das Geheimnis der Liebe in sich birgt. Sie sehen auch, daß er Ihr einzigartiger Garten ist, das äußere Abbild einer inneren, seelischen Landschaft.

Sie haben den Wunsch, daß dieser Ort seine Geheimnisse preisgibt, wissen aber zugleich, daß sich die Offenbarungen des Wachstums nicht erzwingen lassen. Sie bewegen sich weiter, und die Schlüsselbegriffe der vorangegangenen Betrachtung fallen Ihnen wieder ein: Zuhören, die anderen sein lassen, Begegnung, Engagement, Dienen. Es ist nicht nötig, sich zu allem Gedanken zu machen. Das eine oder andere Wort wird Sie mit Ihren Bedürfnissen direkt ansprechen. Wenn das geschieht, setzen Sie sich auf einen Stein oder eine Holzbank und wiederholen das entsprechende Wort wie ein Mantra, während Sie Ihre Augen auf die Schönheit eines Baumes, einer Blume oder des zarten Mooses richten. Lassen Sie sich mit dem Mantra Zeit, seien Sie nicht zu hastig. Nehmen Sie jedes Geschenk des Gartens an, das in Ihr Bewußtsein aufsteigt. Es wird in einem Zusammenhang mit Ihrer konkreten Situation, mit dem Geflecht der Beziehungen stehen, das Ihr Leben ist. Setzen Sie diesen inneren/äußeren Spaziergang nach Belieben fort. Empfangen Sie dankbar, mit Freude und Gewißheit jede Wohltat. Sie erkennen, daß Sie immer in diesen besonderen, eingefriedeten Garten zurückkehren können, um mehr über die Geheimnisse der Liebe zu erfahren.

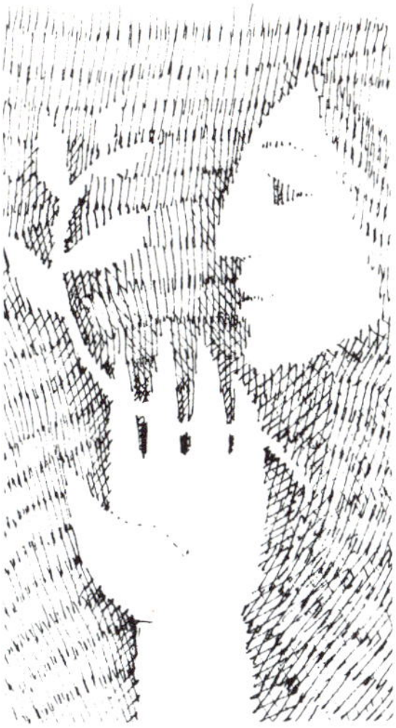

17 Vergeben

Manche Worte, die in der Vergangenheit geäußert wurden, scheinen jahrelang in Erinnerung zu bleiben. Mir fällt ein, wie der amerikanische evangelische Theologe Reinhold Niebuhr vor über zwanzig Jahren in einem Seminar sagte: »Ohne Vergeben wäre die Ehe unmöglich«. Aus diesem Satz spricht eine große Weisheit, die nicht nur für die Ehe, sondern für alle lohnenden Beziehungen zu einzelnen und in der Gruppe gilt. Er spricht ein Thema an, das sehr wichtig ist, wenn wir uns beim Älterwerden auf die Ganzheit zubewegen wollen. Wir alle tragen Verletzungen mit uns herum, die unserer Persönlichkeit in der Vergangenheit von einzelnen Menschen, von der Umwelt zugefügt wurden. Manchmal befinden sich die Verletzungen dicht unter der Oberfläche des Bewußtseins: wenn wir unsere Aufmerksamkeit auf sie richten, steigen alle möglichen Gefühle wie Wut, Groll und Trauer in uns auf. Ebenso häufig sinken die Verletzungen in den Bereich unseres Unbewußten ab, in dem alles Verdrängte aufbewahrt wird. Diese Wunden sind viel schwerer auszumachen: sie wirken indirekt auf uns ein, rufen Depressionen oder Wutausbrüche hervor, deren Intensität uns überrascht. Einige der seelischen Wunden gingen tiefer und beeinflußten uns mehr, als wir wahrhaben wollen. Vielleicht haben wir uns selbst Wunden zugefügt, die im Altersprozeß den Zugang zu den Quellen des Wachstums erschweren.

Menschen, die sich nicht darum bemühen, daß ihnen ihr schädliches Verhalten den anderen gegenüber vergeben wird und sie selbst das Vergeben lernen, laufen große Gefahr, in ihren reiferen Jahren oberflächlich zu werden. Die innerseelischen und zwischenmenschlichen Entwicklungen kommen zum Erliegen. Es ist, als würde sich ein Ventil schließen, sobald Erinnerungen an vergangene Verletzungen aufsteigen und das Thema aktuell wird, daß wir vergeben müssen und uns vergeben wird. Der Energiefluß von innen nach außen und umgekehrt wird unterbrochen. In diesem persönlichen Stillstand zerstreuen sich die Menschen mit Unwichtigem, langweilen sich gar, weil ihre blockierte Energie an der Oberfläche immer gleich aussieht. Trotzdem ist es sehr schwierig, den Fluß unserer Erinnerungen und Erfahrungen in Bewegung zu setzen, weil er die Schmerzen der Kindheit oder späterer Verletzungen mit sich trägt. Manche Menschen werden die Hilfe erfahrener und vertrauenswürdiger Ratgeber brauchen, wenn sie sich auf diesen Prozeß einlassen.

Wir sollten uns bei dieser Übung auch bewußt sein, daß schwerwiegende Handlungen und ihre Folgen durch das Vergeben nicht entschuldigt sind. Wenn ein Kind zum Beispiel von Erwachsenen sexuell mißbraucht wurde, ändert die spätere Vergebung der Tat nichts an ihrer Verwerflichkeit. Die Frau, die von ihrem Mann geschlagen oder sonstwie verraten wurde, kann ihm durchaus verzeihen, ohne sein Betragen gutheißen zu müssen. Wir können die Beispiele auf der gesellschaftlichen Ebene fortsetzen, wo die Öffentlichkeit belogen wird, die Menschenrechte mißachtet werden oder die soziale Verantwortung durch Korruption unterhöhlt ist. Wir sind wahrscheinlich viel häufiger durch weniger kraße, aber umso komplexere, schädliche Verhaltensweisen verletzt worden. Vielleicht ist es nötig, uns sehr aufmerksam anzusehen, wie wir selbst in dieses gegenseitige Verletzen verwickelt sind. Wenn wir all das bedenken, können wir vier miteinander verknüpfte Bereiche unseres Themas untersuchen: uns wird vergeben, wir vergeben uns selbst, wir vergeben anderen, die Gesellschaft vergibt uns.

Wenn wir zugeben, etwas falsch gemacht zu haben, kann uns verziehen werden. Dieses Schema gilt immer, ob wir nun große oder kleine Missetäter sind. Wir erkennen, wie schädlich unser Tun oder unsere Absicht war. Das erfordert ein gewisses Maß an Ehrlichkeit und Demut. Im Sinn religiöser Tradition begreifen wir, daß wir Sünder sind, das heißt uns wird klar, wie gebrochen unsere endliche Wesenheit ist. Dieser Augenblick der Reue kann natürlich starke Schuldgefühle, Traurigkeit und Selbstherabsetzung mit sich bringen. Darum geht es jedoch bei der Reue eigentlich gar nicht. Im Gegenteil, die Phase der Reue ist der erste, notwendige Schritt auf die Versöhnung mit den anderen und die daraus folgende Stärkung des Selbst zu. Wenn uns vergeben wird, sind wir nicht nur weniger aufgeblasene und daher wahrhaftigere Menschen, sondern auch unser Kontakt mit der Gesellschaft erneuert sich. Wenn uns die Gemeinschaft wieder aufnimmt, fühlen wir uns bereichert. Wenn uns vergeben wird, erfahren wir, wie sehr unsere Ganzheit von anderen abhängt. Wir sind keine selbstgenügsamen Wesen, die sich abkapseln können. Wir sollten allerdings verstehen, daß die Vergebung kein irgendwie magisches Ritual ist, nach dem wir uns sofort besser fühlen, ohne auch nur daran denken zu müssen, unsere schädliche Verhaltensweise zu hinterfragen. Ohne die Einsicht, daß wir nicht darum herumkommen, unser verletzendes Verhalten zu ändern, wird die Vergebung zu einem unaufrichtigen, lächerlichen Ritual. Wenn wir die Lebensmitte erreichen, sollte die Aufgeblasenheit des Ich, die ein Erkennen der Fehler verhindert, schon etwas abgenommen haben. Unsere Schwächen sind uns lange genug bewußt, und in uns dürfte der Wunsch stärker werden, sie in etwas Besseres umzuwandeln. Wir haben die besten Voraussetzungen, uns auf das Vergeben und seine versöhnliche Wirkung einzulassen.

Wenn wir in der Lebensmitte stehen oder auch älter sind, können wir selbst unsere ärgsten Feinde geworden sein, weil wir uns zu sehr mit Selbstanklagen zusetzen. Viele Menschen sind anscheinend nicht in der Lage, sich selbst zu verzeihen. Sie üben wegen jedem Fehler, Mißgeschick und Versagen vernichtende Kritik an sich. In unserem Zusammenhang würde es zu weit führen, wenn wir der Entstehung dieser Selbstquälerei nachgehen wollten, aber wir sollten uns doch einige Aspekte dieses masochistischen Verhaltens mit seinen unseligen Folgen ansehen. Wir geben uns unnötigerweise Depressionen hin, setzen uns selbst herab und finden ein ungesundes Vergnügen darin, Opfer zu sein. Außerdem neigen wir dazu, unser selbstbeflecktes Bewußtsein auf die Menschen in unserer Nähe und vor allem auf die Familienangehörigen auszudehnen. Es gelingt uns leicht, sie als unsere Peiniger in diesen Kreis zu ziehen, der keine Vergebung zuläßt. Richtige Selbstquäler können sich anscheinend selbst nicht genug peinigen: sie müssen sich nach Menschen umsehen, die ihnen dabei helfen. Wenn diese Persönlichkeitsmuster bis ins Alter erhalten bleiben, kann es im Verein mit den Bürden des Alters zu schweren Depressionen kommen. Diese Menschen kreisen immer mehr um ihre Schmerzen und Leiden und verlieren das Interesse für alle wichtigen Dinge, die über ihren Horizont hinausgehen. Es ist ganz wichtig, solche Verhaltensmuster zu ändern, was zum Teil dadurch möglich ist, daß wir lernen, uns selbst zu verzeihen.

In der Lebensmitte wissen wir nicht nur besser, wo unsere Schwächen liegen, sondern verstehen auch genauer, wo wir über all die Jahre verletzt wurden. Da wir schon länger leben, kann uns im seelischen, körperlichen, wirtschaftlichen Bereich auch mehr verletzt haben. Noch wesentlicher ist jedoch, daß unsere Ich-Identität in der Lebensmitte gewöhnlich gesichert genug ist, um unvoreingenommen und ruhig abschätzen zu können, wie uns andere verletzt haben. Erinnern wir uns noch einmal, daß wir durch unser Verzeihen den Verstoß nicht unbedingt gutheißen, daß wir mit den Missetätern nicht wieder Kontakt aufnehmen müssen. Die Tatsache, daß wir einem Menschen vergeben, bringt uns aber vielleicht dazu, unseren Zorn zu mäßigen und das schmerzliche Erlebnis in einem genaueren Licht zu sehen. Am besten ist es natürlich, wenn das Vergeben zur Versöhnung der Menschen führt: Entfremdungen und Mißverständnisse verringern sich. Wenn wir aufrichtig »Ich verzeihe dir« sagen und nicht die geringste Absicht haben, den anderen dadurch in die Hand zu bekommen, ermöglichen wir seine innere Heilung. Durch die Versöhnlichkeit dämmen wir auch den schädlichen, nagenden Groll und die vergifteten Gefühle in uns ein. Wir nehmen die Gebrochenheit der Welt an und geben zu, daß auch wir falsch handeln können. Im wahren Verzeihen wird also eine dreifache Dynamik wirksam. Beim Missetäter kann der innere Heilungsprozeß einsetzen; wir wenden uns seelisch der Gebrochenheit der Dinge zu, weil wir erkennen, daß wir selbst an ihr teilhaben; und schließlich erfahren wir auf einer tieferen Ebene die alle verbindende Gemeinsamkeit. Gelegentlich kann das gegenseitige Verzeihen die Menschen zu besseren Freunden machen. Der Punkt, der vergeben wird, ähnelt der Schweißnaht, die zerbrochenes Metall zusammenfügt. Die Stelle, an der die Verletzung stattfand, wird durch die neue Schweißnaht zur haltbarsten.

Unsere Idealvorstellung vom Altersprozeß ruft uns dazu auf, Menschengruppen, die sich entfremdet haben, auszusöhnen. Wenn wir uns einem Alter nähern, dem es um die großen Themen der Menschheit geht, müssen wir unsere Herzen prüfen, ob wir nicht bestimmten Gruppen, die uns verletzt haben, mit Haß und Feindseligkeit begegnen. Beispiele solcher Entfremdungen zwischen Gruppen gibt es zuhauf. Wenn wir die Rassen betrachten, ist die Geschichte der Schwarzen in weißen Gesellschaften voll von Verletzungen. Auf dem Gebiet einer ethnisch begründeten Politik werfen sich die Araber und Israelis ständig gegenseitige Verletzungen vor. Wenn wir uns die Religionen ansehen, haben die Bahai im Iran als häretische Bewegung in einer schiitischen Gesellschaft schwer gelitten. Versöhnlichkeit wird nicht alles Verkehrte, das politisch-ökonomischer Druck, religiöse Intoleranz und tiefsitzende historische Feindschaften hervorrufen, beseitigen können. Doch der Geist der Versöhnung kann die Feindseligkeit, die wir in unseren Herzen anderen Gruppen gegenüber empfinden, im Zaum halten. Er verhindert, daß wir in lauter Vorurteilen über die anderen versinken. Wir bleiben beweglich und können alle Versöhnungsgesten offen annehmen. Beweglichkeit und Offenheit sind Tugenden, die älteren Menschen eher abgesprochen werden. Das Gegenteil wird der Fall sein, wenn wir uns seit der Lebensmitte bemüht haben, dem Geist der Versöhnung Raum zu geben. Die Alten sind in ihrem Bereich aufgerufen, zu Katalysatoren der Aussöhnung mit Fremden zu werden.

*

Bereiten Sie sich mit ein paar Atemübungen auf die Meditation über die Versöhnung vor. Denken Sie daran, daß Sie zunächst aufmerksam und wach werden möchten und Stille in den Geist einziehen lassen wollen, damit Sie für Einsichten empfänglich werden. Wenn Sie genügend entspannt sind, betrachten Sie vor Ihrem geistigen Auge einen Menschen, dem Sie unrecht getan haben. Gehen Sie Ihre Familie oder Ihre Arbeitskollegen durch. Rufen Sie sich ins Gedächtnis, was Sie getan haben, oder was Sie möglicherweise immer wieder tun und was andere verletzt. Fühlen Sie sich in den Schmerz und die Mißachtung ein, die damit verbunden sind. Forschen Sie in Ihrem Herzen nach, ob Sie Ihr Handeln bekümmert, ob Sie es bereuen. Bitten Sie aus dieser Zerknirschung heraus den anderen, Ihnen zu verzeihen. Stellen Sie sich dann vor, der oder die andere vergibt Ihnen, und Sie können diese Versöhnlichkeit annehmen. Vielleicht umarmen Sie einander oder bekräftigen den Moment der Aussöhnung durch eine andere Geste. Bleiben Sie bei dem Gefühl, daß Ihnen vergeben wurde, denn aus dieser Quelle fließt Ihnen eine frische Energie zu, die Sie in Zukunft versöhnlicher macht.
Suchen Sie sich einen Menschen aus, der Sie ernstlich verletzt hat. Lassen Sie ihn oder sie vor Ihrem inneren Auge erscheinen. Erinnern Sie sich an alles, was damals weh tat, als die Wunde noch frisch war. Lassen Sie mit jedem Ausatmen den alten Schmerz aus sich herausströmen. Es hat keinen Sinn, ihn festzuhalten. Sie haben genug gelitten. Lassen Sie ihn los, da er nur verhindert, daß Sie zu einem reifen Menschen heranwachsen. Sie werden vermutlich nicht ändern können, was damals geschah. Wenn Sie sich von

dem aufgestauten Schmerz befreien, können Sie den Menschen, der Ihnen die Verletzung zufügte, mit mehr Nachsicht betrachten. Ob es nun aus Schwäche oder Bosheit geschah, Sie haben inzwischen selbst erkannt, wie tief die Unsicherheit und andere Unvollkommenheiten verwurzelt sind, aus denen heraus die Menschen handeln. Sie hoffen auf einen freundlicheren, fürsorglicheren Umgang unter den Menschen und legen an die Welt nicht mehr den unerprobten, starren Maßstab eines jugendlichen Idealismus an. Sie sind in sich selbst auf die Unwissenheit und auch Gemeinheit gestoßen, die dazu führen, daß wir andere verletzen. Sie vergeben jenem Menschen, wünschen ihm oder ihr alles Gute, damit er oder sie Glück und Ganzheit in sich finden.

Wenn Sie sich selbst leicht Vorwürfe machen, versetzen Sie sich in eine typische Situation, in der Sie sich meist mit Selbstanklagen quälen. Gehen Sie die Selbstvorwürfe durch und lassen Sie die negativen Gefühle in sich aufsteigen. Wenn Sie meinen, die Szene ausreichend durchgespielt zu haben, bleiben Sie einige Augenblicke ruhig und richten die Aufmerksamkeit auf den Atemrhythmus. Legen Sie langsam beide Handflächen an die Stirn. Stellen Sie sich vor, die heilende Energie der Versöhnlichkeit strahlt aus Ihren Händen tief in den Körper hinein. Das Auflegen der Hände bedeutet, daß Sie sich selbst verzeihen. Sie befreien sich, um in die Reife hineinzuwachsen, ohne wieder in den Kreislauf der Selbstvorwürfe einzuschwenken. Wenn Sie die Last dieser sinnlosen Geschichten abwerfen, werden Sie den Menschen in Ihrer Nähe freundlicher begegnen. Sie müssen die Wut, die Sie auf sich selbst haben, nicht länger an anderen auslassen. Sie erkennen, daß Sie zunächst mit sich selbst Frieden schließen müssen, wenn Sie im Alter zum Frieden in der Welt beitragen wollen.

Sehen Sie sich schließlich eine Gruppe an, die Sie nicht mögen, vielleicht sogar hassen. Gesellen Sie sich zu den Menschen, die etwas gegen die befremdliche Gruppe haben, weil sie negative Absichten erkennen läßt oder schlimm handelt. Es dürfte Ihnen nicht schwer fallen, sich alles vor Augen zu führen, was an der Gruppe schlecht ist. Prüfen Sie, welche Gefühle in Ihnen aufsteigen. Was spüren Sie vor allem: Verachtung, Angst, Mitleid oder

Ekel? Wenn Sie sich der Versöhnlichkeit nähern wollen, ist es wichtig, herauszufinden, welche Gefühle diese Menschen in Ihnen auslösen. Versuchen Sie jetzt, sich in das gesellschaftliche Milieu und die Denkweise eines Angehörigen der anderen Seite zu versetzen. Welche Erfahrungen hat er oder sie im Leben gemacht, wie würde er oder sie Ihre Gruppe und auch Sie selbst sehen? Können Sie sich in eine Denkweise einfühlen, die sich durch alles, was Ihre Gruppe für richtig hält, bedroht sieht? Wenn Sie Ihren »Feind« so verstehen können Sie sich allmählich auf Versöhnlichkeit und Aussöhnung zubewegen. Wenn Sie einen weiteren Schritt über das Verstehen hinaus tun können, sagen Sie diesen Gegenspielern: »Ich vergebe euch, ich werde mich bei meinen Leuten dafür einsetzen, daß eure Ängste, Wünsche und Bedürfnisse besser verstanden werden.« Wenn Sie dazu fähig sind, werden Sie als älterer Mensch zu denen gehören, die verzeihen und sich aussöhnen. Sie werden Teil der göttlichen Gnade, die vergibt, weil Sie den Segen der Versöhnlichkeit selbst erfahren haben.

18 Der Freude Raum geben

Lacrimae rerum, so bezeichnete der römische Dichter das Leben, »die Tränen des Lebens«, »das Traurige der Wirklichkeit«. Die alternden Menschen, die sich ernsthaft die Welt ansehen, wissen, was der antike Sänger meinte. Es gibt so viele Tragödien, so viel Unglück. Manche haben natürliche Ursachen, andere gehen auf Nachlässigkeit, Unwissenheit oder Bosheit der Menschen zurück. Wenn wir uns in diese Geschehnisse einfühlen, überkommt uns eine gewisse Trauer, die uns reif machen und das Denken vertiefen kann. Wenn sie zu unserem eigenen Kummer hinzukommt, kann sie uns allerdings bedrücken. Wir nehmen Ereignisse, die uns körperlich, geistig oder seelisch verletzen, dann deutlicher wahr. Abgesehen von den Ereignissen des Lebens, die sich uns eingeprägt haben, macht uns noch etwas eher Verborgenes traurig.

Nietzsche sprach vom Geist der Schwere, der dem freien Ausdruck des schöpferischen Kindes in uns entgegensteht. Aus vielerlei Gründen übernahmen wir schon früh gewisse Klischees, die unser Denken und Handeln noch heute bestimmen. Viele dieser Gebote, dieser »Du sollst«, die uns Familie, Religion und Kultur vorschrieben, haben das lebendige »Ich bin« unseres inneren Kindes unter sich begraben. Der Geist der Schwere hält uns so umfangen, daß wir ihn kaum noch bemerken. Manchmal spüren wir, daß wir die alten Klischees zerbrechen und der Welt neu begegnen müssen. Doch die Freude will nicht kommen. Selbst Erfolge bringen uns nicht die erwartete Freude. Lebensmitte und Alter sind eine wichtige Zeit, um die Traurigkeit, von der wir uns quälen lassen, mit neuen Augen zu sehen. Was ist die Freude, und welche Schritte führen zu ihr? Beschreibungen von Zuständen wie Freude können ihre Erfahrung nicht ersetzen, aber vielleicht lernen wir etwas Nützliches, wenn wir die einzelnen Merkmale der Fröhlichkeit betrachten. Die positiven Aspekte der Freude können freilich unterschiedlich stark sein, und ihr Kommen und Gehen ist von den Lebensumständen abhängig.

Fröhliche Menschen fühlen sich lebendiger. Sie könnten sagen, es sei ein gutes Gefühl, am Leben zu sein. Es geht weniger darum, durch ein äußeres Geschehen glücklich gemacht zu werden, obwohl so etwas natürlich die Freude steigern kann. Die Lebenslust rührt eher aus einem inneren Zustand her, der damit zusammenhängt, daß wir wissen, was wir wert sind. Den eigenen Wert erkennen bedeutet nicht, nur oberflächlich hinzusehen, als gäbe es nicht auch Probleme und Schwächen. Und die Selbstachtung, die darauf beruht, daß wir unseren wirklichen Wert sehen, ist nicht das gleiche wie stolze Aufgeblasenheit. Die frohe Lebenslust entsteht, wenn wir unseren inneren Wert frei von allen Urteilen der anderen annehmen. Wir müssen kaum noch etwas abwehren und können uns wahrhaftiger und heiterer sehen. Manchmal treffen wir alte Menschen, die diese Lebenslust zeigen. Wir spüren, daß sie über eine besondere, fast unbeschreibliche Geistesgegenwart verfügen, die Fröhlichkeit ausstrahlt. Diese Menschen leiden vielleicht an allerlei Gebrechen und mögen im Leben Schweres erlebt haben. Die Probleme vertiefen jedoch nur die stille Freude im Zentrum des Lebens und gehören zu ihr. Ältere Menschen, die diese fröhliche Haltung aus der Tiefe widerspiegeln, können viele andere beflügeln, die nicht ahnten, daß so eine Lebensweise möglich ist.

Die innere Freude wird also in unserer Haltung den anderen gegenüber, in der Lebenseinstellung sichtbar. Wenn wir wahrhaft fröhliche Menschen treffen, spüren wir, daß wir sie leicht an uns heranlassen können, weil von uns gar nicht erwartet wird, daß wir ihre innere Freude irgendwie stützen oder nähren. Sie werden auch gar kein Urteil über uns abgeben, da sie sich mit anderen nicht vergleichen müssen, nur um sich überlegen zu fühlen und damit glücklich zu schätzen. Fröhliche Menschen müssen nicht mit uns wetteifern, da sich eine Hochstimmung nicht nur einstellt, wenn sich die einen über die anderen erheben. Die Freude springt nicht auf uns über, weil etwas gesagt wird, sondern weil wir erleben, daß wir ohne viele Worte als die akzeptiert werden, die wir sind. Freude kann durchaus mit Kritik an anderen einhergehen, sogar Zorn zeigen. Denn der Zorn und die Kritik entspringen nicht dem Bedürfnis, andere zu unterdrücken oder zu verurteilen. Wir wissen, daß die Kritik zu unserem Besten ist und uns helfen möchte, schädliche Wege zu meiden, die uns hindern, die innere Freude zu finden.

Fröhliche alte Menschen zeigen eine positive Einstellung zur Welt, ohne die vielen Probleme unter den Teppich kehren zu wollen. Zu dieser Haltung der Wirklichkeit gegenüber gehört das tiefe Vertrauen, das wir in der Meditation über den Glauben betrachtet haben. Menschliche Dummheit und Böswilligkeit könnte tatsächlich das Leben auf diesem Planeten vernichten. Das macht die fröhlichen Menschen traurig und zornig, aber sie erleben die Welt als weniger bedrohlich. Anders gesagt sind es die paranoiden, angstbesessenen Menschen, die einfach keine Freude spüren können: das Leben ist stets zu bedrohlich, um eine entspannte Einstellung zur Wirklichkeit zu finden. Wer so altert und an seiner Denkart festhält, wird kein guter Ratgeber für die jüngeren Generationen sein. Er oder sie wird die Angst vor Feinden schüren und psychische Projektionen heraufbeschwören, die diese Angst nähren. Es wird daher mit zunehmendem Alter immer wichtiger, daß wir die Keime der Freude in uns pflegen. Denn die wahre Freude ist im Gegensatz zu Wahn und Leichtfertigkeit ansteckend. Wir leisten Aufbauarbeit für die Gemeinschaft, wenn wir die Menschen, denen wir begegnen, unsere Freude spüren lassen.

Stille wie intensive Freude sind mit einer Erfahrung der Transzendenz verbunden. Es ist dann nicht bloß der Mangel, der uns widerwillig tätig werden läßt, um das auszugleichen, was uns im mate-

riellen, geistigen oder gesellschaftlichen Bereich fehlt. Selbst wenn wir eifrig bestrebt sind, unsere physischen oder psychischen Bedürfnisse zu befriedigen, vermittelt uns die Freude eine Dimension, die über all das hinausgeht. Es bereitet uns einfach schon Vergnügen, die gewöhnlichen Lebensaufgaben bewältigen zu können. In der Freude spiegelt sich die Transzendenz, die Grenzüberschreitung, weil sie in uns sozusagen den Schnellgang einlegt. Wir tun vielleicht Dinge, die wir schon oft getan haben, doch in der Freude schwingen plötzlich Dankbarkeit, Staunen und Lust mit. All das verschmilzt zur transzendenten Erfahrung der Freude, die durchaus keine Flucht aus der Gegenwart in eine Zukunft ist, in der sich unsere Wünsche erfüllen sollen. Die Freude steigert unser Gefühl für das, was wir im Augenblick tun.
Diesen Aspekt der Freude können wir auch anders sehen, nämlich als lebendige Wahrnehmung des Alltäglichen. Nur zu oft erleben wir unser Tun, unsere Umgebung bruchstückhaft. Wir stecken zu tief in etwas, sind zu sehr Zwängen unterworfen, um wirklich aufmerksam zu sein und den gegenwärtigen Moment klar zu sehen. Die Freude befreit uns in ihrer Transzendenz von den Zwängen und zeigt uns die erlebte Gegenwart mit ihren vielschichtigen Bezügen deutlicher. So öffnet uns die Freude allem Neuen, und wir erkennen, was wir kreativ aus unserer Lage machen können. Die Transzendenz der Freude verbindet sich mit der Schöpferkraft: in einer vermeintlich festgefahrenen Situation tun sich neue Möglichkeiten auf. Durch das Zerbrechen alter Klischees und das Abenteuer des Neuen wird die Freude zu einer überaus religiösen Erfahrung. Religiös fühlen heißt hier, daß sich unsere Wahrnehmung und Empfindung umfassender auf das Geflecht möglicher, zukünftiger Zusammenhänge einstellen kann.
Zur Freude gehört auch der Humor. Ältere Menschen, die nicht über sich selbst und mit anderen lachen können, haben nicht verstanden, was uns das Leben mit seinen Ungereimtheiten und Überraschungen sagen will. Die Verletzungen und Sorgen des Lebens sind nicht auf die leichte Schulter zu nehmen: wir leiden und klagen. In unseren reiferen Jahren lastet Verantwortung auf uns. Wir können sie nicht mit einem Lachen abschütteln. Fröhliche Men-

schen sehen Schmerz und Verantwortung des Lebens aber in einem größeren Zusammenhang. Der Humor ermöglicht es uns, Leiden zu ertragen und aus ihnen zu lernen, statt sie als nur qualvoll zu erleben. Zum Humor gehört, daß wir uns aus einem gewissen Abstand sehen können und begreifen, was mit uns geschieht. Verantwortung läßt sich vernünftiger tragen, wenn wir einsehen, wie wenig wir für andere Menschen wirklich tun, wie gering unsere Macht über sie ist. Wenn wir für Ironie und lustige Überraschungen offen sind, sehen wir unsere Verantwortung in einem milderen Licht und können über unseren übertriebenen Ernst lachen. Eine tiefere Liebe ist ohne Humor vielleicht nicht möglich. Der Humor erinnert uns mit seinen Überraschungen nämlich daran, daß Freunde oder Geliebte anders als wir sind und Abstand brauchen. Wir können die anderen weder in uns einschließen noch über sie herrschen. Der Humor führt so zur Achtung.

Der Humor kann genauso wichtig für die Erkenntnis von Gott sein. Er lehrt uns, die unerforschlichen Wege der göttlichen Vorsehung zu achten. Die jüdische Tradition kennt dies als eine Art halb ernstes, halb komisches Zwiegespräch mit Gott. Wesentlich ist hier die Verbindung von Humor und Offenheit dafür, daß sich neue Möglichkeiten zeigen können. Fehlt dieser wichtige Aspekt, ist Religion kaum mehr als die Projektion unserer eigenen Ängste und kollektiven Bedürfnisse auf ein Gottesbild. Wahrer Humor untergräbt den Machthunger. Hören wir auf den Ton der Macht und Unterdrückung, der in vielen ernsten Predigten mitschwingt. Da wird gern behauptet, für alle menschlichen Fragen die absolute Antwort zu haben. Wir spüren das Bedürfnis des Geistlichen, sich selbst zu überzeugen und über das Leben der anderen Macht zu haben, wobei natürlich alles durch ausgewählte Bibelzitate gestützt wird. Der Humor trägt dazu bei, das Netz der anmaßenden Ernsthaftigkeit zu zerreißen, hinter der sich nichts als Machtgier verbirgt.

Wenn Sie mit der Meditation über die Freude beginnen und die Atemübungen machen, denken Sie daran, daß ohne Freude ein gutes Altern kaum möglich ist. Sie haben in Ihrem Leben schon die *lacrimae rerum* kennengelernt. Sie haben gelitten und sich in die Leiden und Sorgen anderer eingefühlt. Diese Erfahrungen können der Freude nichts anhaben. Sie führen vielmehr zur Reife und ermöglichen eine tiefere Fröhlichkeit. Der wirkliche Feind der Freude ist ein Leben, das den Schmerz des Daseins mit oberflächlicher Zerstreuung und leerem Gelächter übertüncht. Wenn Sie still und gesammelt sind, können Sie die Quellen der Freude in sich selbst betrachten.

Zunächst sehen Sie sich in der Meditation vor Ihrem geistigen Auge entweder ruhig oder in Bewegung. Das Bild wird durchsichtig, als könnten Sie mit Röntgenblick tief in sich hineinschauen. Sie nähern sich in diesem Bewußtsein den Quellen Ihrer Lebenskraft. Rufen Sie sich eine Zeit in Erinnerung, in der Sie sich glücklich fühlten, nicht aufgrund eines äußeren Ereignisses, sondern einfach nur deshalb, weil Sie sich über Ihre Talente und inneren Qualitäten freuten. Denken Sie an die stille und doch starke Freude tief in Ihrer Seele. Wenn Sie sich diese Empfindung ins Gedächtnis gerufen haben, verbinden Sie sie mit dem durchsichtigen Bild, mit dem Sie diese Phase der Meditation begonnen haben. Bleiben Sie mit Ihrer Aufmerksamkeit bei dem Bild, bei dem Gefühl, daß Sie in sich selbst Freude entstehen lassen können.

Wenn Sie diese innere Freude spüren, können Sie sie auf andere ausstrahlen. Stellen Sie sich vor, Sie sind mit einer Gruppe Gleichgestellter zusammen oder mit Leuten, für die Sie Verantwortung tragen. Beachten Sie, daß Sie im Umgang mit den Kollegen Konkurrenzdenken und Neid loslassen können. Da die Freude vor allem aus Ihrem Innern kommt, müssen Sie keine Macht über andere ausüben oder sich betrogen vorkommen, wenn andere für ihre Leistungen Lob ernten. Ihre Freude wird sogar größer, weil Sie an der der anderen teilhaben können. Sie werden älter und begreifen immer mehr, daß die großen Probleme der einzelnen und der Gruppen mit der Energie angegangen werden müssen, die aus der Freude kommt. Die gewaltigen Themen, die in persönlichen Krisen sichtbar werden, im Hunger, in den Kriegen der Völker, können Menschen schwer bedrücken, sie in Niedergeschlagenheit und sinnloser negativer Einstellung versinken lassen. Wenn Sie sich dem Alter nähern, begreifen Sie wie nie zuvor, wie wichtig es ist, die Probleme mit der unbeugsamen Energie Ihrer Freude anzugehen, die mit dem Schwung und der Kraft anderer Menschen in Verbindung steht. Stellen Sie sich das Licht und die Wärme vor, die von Ihrem durchsichtigen Ebenbild ausgehen und mit der fröhlichen Energie der anderen verschmelzen. Stellen Sie sich vor, wie diese positive Kraft den Planeten umgibt, ihn trägt und stärkt.

Die Erfahrung der Freude wird Sie mit zunehmendem Alter in neue Dimensionen der Spiritualität führen. Sie werden entdecken, daß die grenzenlose Erfahrung des Religiösen hauptsächlich aus den Tiefen Ihrer eigenen Freude aufsteigt. Diese Erfahrung der Grenzenlosigkeit nennen wir Transzendenz. Als fröhlicher alter Mensch werden Sie in der Lage sein, dem Gefängnis der Klischees zu entfliehen, die Ihre Entfaltung beeinträchtigten. Die Fröhlichkeit gestattet es Ihnen, Grenzen zu überschreiten, weil Sie das Alltägliche in Ihrem Leben mit neuen, lebendigen Augen sehen. Sie verstehen, daß Ihre kleine Welt Teil eines größeren, sinnreichen Mosaiks ist. Die transzendente Erfahrung der Freude hebt Sie so hoch über dieses Mosaik des Sinnzusammenhangs empor, daß Sie die Steinchen in ihrer Verbindung mit einem größeren Ganzen sehen können. Diese neue wechselseitige Verbundenheit verheißt Abenteuer: Ihnen eröffnen sich ungeahnte Möglichkeiten.

Wenn Sie die Meditation beschließen, stellen Sie verwundert fest, wie unterschiedlich Sie von der Freude überrascht werden können. Humor und Lachen haben ihre Wurzel im Ungereimten. Wenn Sie wieder ein wenig zur inneren Fröhlichkeit gefunden haben, wissen auch Sie, daß diese Erfahrung eine überraschendere Gabe und Gnade ist, als alles, was Sie sich selbst unter Mühen schaffen können. Wenn die Erfahrung dieses Freudenschatzes ein Lächeln auf Ihr Gesicht zaubert, sind Sie reif genug, das Geschenk zu erkennen und demütig anzunehmen, das Ihnen ironischerweise die eigene Fröhlichkeit macht.

19 Kreativität entfalten

Können wir kreativ altern? Die meisten Leute halten alte Menschen nicht eben für schöpferisch. Wir erwarten von den Älteren, daß sie ihre späten Jahre wie eine Art verlängerten Urlaub, eine wohlverdiente Ruhe nach einem arbeitsreichen Leben sehen. Wenn wir an das letzte Drittel des Lebens denken, fallen uns eher Frieden, sogar Passivität, und nicht Kreativität ein. Zum Schöpferischen gehört Machen, Formen, Neues in die Wege leiten, produktiv sein. Einige ältere Menschen bleiben bis zum Ende ihres Lebens kreativ. Auf fast allen Gebieten gibt es einzelne, die einen wertvollen Beitrag für die Gesellschaft leisten und sich neue Möglichkeiten erschließen, weiter zu wachsen. Und doch richten sich die meisten im üblichen Trott gemütlich ein, der ihre schöpferische Kraft beschneidet.

Ein kreatives Dasein ist nicht nur jenen außergewöhnlichen Denkern, Machern und Künstlern vorbehalten, die sich mit ihren Schöpfungen großen Ruhm erwerben. Die Verbindung aus Talent, Können, Antrieb und einer einzigartig anregenden Umgebung, die geniale Werke entstehen läßt, ist sicher nur bei relativ wenigen Menschen gegeben. Wenn wir aber nur ihnen Kreativität zugestehen, setzen wir die schöpferische Kraft der anderen herab.

Diese Beschränkung macht es uns außerdem leicht, gar nicht erst zu versuchen, uns die eigene Kreativität im Alter zu erschließen. Alternde Genies sollten uns nicht entmutigen, sondern beflügeln. Sie zeigen uns, daß es nie zu spät ist, schöpferisch tätig zu sein. Schöpferisch sein heißt, die Integration der Persönlichkeit zu steigern, indem wir auf neue Weise die ungleichartigen, gegensätzlichen Teile unseres Lebens zusammenfassen. Es bedeutet auch, daß wir der Gesellschaft helfen, die verschiedenen Kräfte auf immer neuen Wegen zu integrieren. Persönliche und gemeinschaftliche Kreativität sind zwei Stadien der Verbindung der Gegensätze, durch die uns umfassender bewußt wird, wie widersprüchlich die Einheit von Ich, den anderen und der Welt ist. Ohne Zweifel hängt unser Altern davon ab, welche Charakterzüge wir früher ausgebildet haben. Wenn wir im Alter kreativ sein möchten, müssen wir die Eigenschaften, die zu einem schöpferischen Leben gehören, so früh wie möglich pflegen. Auch wenn das Schöpferische schon in jungen Jahren gefördert werden muß, eignet sich doch die Lebensmitte besonders gut, die Anlagen zu entwickeln.

Schöpferische Menschen zeichnen sich durch eine gewisse geistige Unabhängigkeit aus. In der Lebensmitte ist unsere Ich-Identität gesichert genug, um die Erwartungen und Konventionen unserer Kultur in Frage zu stellen und mit Abstand zu sehen. Wir erkennen, daß wir uns alten Lebensentwürfen und Klischees angepaßt haben, die Möglichkeiten unbeachtet ließen und ihre Entfaltung verhinderten. Außerdem sehen wir deutlicher, was Berufsentscheidungen und Lebensgewohnheiten zwar versprochen, aber nicht gehalten haben. Wenn wir wirklich kreativ sein und neue Richtungen einschlagen wollen, müssen wir die geistige Unabhängigkeit mit unserer Ich-Stärke und Selbstbehauptung verbinden. Wir sind nämlich möglicherweise unabhängig genug und sehen Dinge, die andere nicht bemerken, und doch fehlen uns Mut und Entschlossenheit, Entscheidungen zu treffen und unseren Einsichten gemäß zu handeln. Unsere Ich-Stärke sollte es uns paradoxerweise erlauben, uns in die Bereiche des Unbewußten, der Phantasien, der Urprozesse zurückzuziehen, weil wir wissen,

wir werden stark genug sein, unsere Identität immer wieder zu finden.
Typisch für kreative Menschen sind auch Eigenschaften, die mit der Aufnahmefähigkeit verbunden sind. Auf gewisse Weise lassen diese Charakterzüge auf so etwas wie passive Empfänglichkeit schließen. Schöpferische Menschen öffnen ihren Geist der klaren Bewußtheit wie den unbewußten Symbolen und Gefühlen und versuchen gar nicht, das Material rasch auf übliche Weise zu ordnen oder zu beurteilen. Sie sind bereit, den ganzen unordentlichen Wald erst einmal zu betrachten und von ihm berührt zu werden, bevor sie sich die Mühe machen, die Bäume zu benennen. Es geht darum, sich in ein Ganzes einzufühlen und es zu verstehen, statt sich schnell auf Einzelheiten zu konzentrieren. Diese Haltung erfordert eine Geduld, die wir erst nach vielen Jahren entwickeln werden. Wir dürfen sie nicht mit teilnahmsloser Passivität verwechseln. Sie ist eher aktiv, intensiv, und mit dem Wunsch gepaart, etwas zu entdecken. Sie besteht aus einer lebendigen Vertiefung in die Einzelheiten und einer distanzierten Hingabe an das ganze, vielschichtige Bild. In der Lebensmitte sollte uns die Erfahrung gezeigt haben, wie wenig wir über die Menschen und die Welt wissen. Die Geduld erkennt, wie mangelhaft unser Verstehen ist, und gibt der Wirklichkeit sozusagen eine zweite oder dritte Chance, damit sich unsere Unwissenheit in das verwandelt, was im Mittelalter *docta ignorantia* genannt wurde, gelehrtes Nichtwissen. Die Kreativität erfordert auf jedem Gebiet eine Mischung aus starker geistiger Unabhängigkeit und geduldigem Empfindungsvermögen, damit wir aus den Lektionen des Lebens lernen können.
Zur Kreativität gehören auch eine Reihe von Charakterzügen, bei denen eine Toleranz im Mittelpunkt steht, die Mehrdeutigkeit, Vielschichtigkeit und sogar Unordnung zuläßt. Aus Sicherheitsstreben stülpen wir der widerspenstigen und bedrohlichen Vielfalt gern eine Ordnung über. Die meisten Menschen können widersprüchliche Ideen und Bewegungen mit ihrer herausfordernden Komplexität nur schwer ertragen. Wenn wir aber auf das Alter zugehen und nicht in einer abgeschlossenen Welt gelebt haben, wis-

sen wir aus Erfahrung, daß die Wirklichkeit so vielschichtig wie mehrdeutig ist. Das gilt nicht nur für den geistigen Bereich des Denkens und der Wissenschaften, sondern ebenso auf der Ebene zwischenmenschlicher und gesellschaftlicher Beziehungen. Wenn ältere Menschen zum Beispiel schöpferisch Frieden schaffen wollen, müssen sie die Angst vor der Vielfalt und Mehrdeutigkeit der menschlichen Verhältnisse überwinden und entdecken, wie sehr es sich lohnt, ein Leben voller Komplexität zu führen. Das hat nichts mit einem Leben der Hetze und übertriebenen Aktivität zu tun. Im Gegenteil, ein Leben voller Komplexität, das durchaus besinnlich und heiter sein kann, läßt zu, daß sich die wirkliche Welt in ihrer Vielfalt vor unserem Geist und in unserer Phantasie ausbreitet. Das erfordert die Fähigkeit, viele Ideen auf einmal erfassen und vergleichen zu können und sich bei aller Beachtung der Unterschiede immer umfassenderen Synthesen zu öffnen. Das heißt, bereit zu sein für ein kritisches Wechselspiel unterschiedlichster Anschauungen, Theorien und Praktiken. Ältere Menschen, die diese Form des kreativen Denkens, Urteilens und Handelns entwickeln, sind eher in der Lage, streitende Individuen und Gruppen friedlich zu stimmen. Sie verstehen es, aus alten Fehlern zu lernen und die Fragen zu stellen, die zu befriedigenderen Lösungen führen.
Die Eigenschaften der schöpferischen Alten entwickeln sich allerdings nicht im leeren Raum. Sie müssen nicht nur so früh wie möglich gefördert werden, sondern sind auch auf ein gesellschaftliches Umfeld angewiesen, das sie kräftigt. Wenn wir an die großen schöpferischen Genies denken, wird deutlich, wie wichtig die jeweilige Kultur ist. Michelangelo, Newton oder Jefferson verfügten zwar über außerordentliche Gaben, hätten sich aber nie so entfaltet, wenn sie nicht durch ihre besondere kulturelle, wissenschaftliche oder politische Umgebung angeregt worden wären. Picasso und Chagall, Albert Schweitzer und Martin Luther King hätten ohne die besondere Umwelt, die sie formte, herausforderte und auch trug, nie ihre großen Leistungen vollbringen können. Andere wie Kierkegaard oder Van Gogh wurden durch Schwierigkeiten und Widerstände zu schöpferischen Menschen. Eine gesellschaftliche Umgebung, in der ein Austausch mit bedeutenden

Personen möglich ist, verstärkt das kreative Potential. Wenn wir an außergewöhnlich schöpferische Menschen denken, müssen wir der Versuchung widerstehen, uns durch ein Vergleichen entmutigen zu lassen. Wir alle haben in vielerlei Hinsicht schöpferische Gaben. Manche werden in einem kleinen Kreis Menschen zu einem neuen Denken, Handeln und Fühlen führen können. Andere werden in einem größeren politischen oder gesellschaftlichen Rahmen tätig. Das Beispiel der großen Genies der Geschichte veranlaßt uns dazu, unsere Möglichkeiten voll auszuschöpfen.

Der gesellschaftliche Aspekt der Kreativität zeigt uns, daß es für uns als alternde Menschen wichtig ist, eine Umgebung zu finden, die uns beflügelt. Wenn wir in einer Umwelt leben wollen, die wie ein Katalysator wirkt, dürfen wir uns nicht an die hergebrachten Vorstellungen halten, wie ältere Menschen ihr Leben einzurichten haben. Wie stark der Individualismus in unserer Gesellschaft ist, wird besonders deutlich, wenn wir ihre Ansichten über das letzte Drittel des Lebens betrachten. In unserer Kultur sollen sich die Älteren an den Rand der Gesellschaft drängen lassen und allein oder zu zweit ihr Dasein fristen. Sie können natürlich Besuch empfangen und werden ab und zu um Rat gefragt. Doch die letzten Jahre werden als Rückzug aus dem aktiven Treiben der Gesellschaft gesehen. Dieses Ausgrenzen schränkt die schöpferischen Möglichkeiten der Älteren ein. Wenn wir diesen Zug unserer Kultur nicht sehen und gegen ihn angehen, werden wir uns in einer Umgebung wiederfinden, die alles andere als beflügelnd ist. Wir werden dann im Ruhestand leben, allein wie ein Tier auf einsamen Weiden, dem das Gnadenbrot gereicht wird. Als ältere Menschen müssen wir also Gemeinschaften suchen, die uns beflügeln, und uns dort zur Ruhe setzen, wo wir sie finden. Der Kontakt mit diesen Gemeinschaften muß unsere geistigen wie emotionalen Bedürfnisse befriedigen. Kreativität ist nicht nur eine Sache des Verstands; zu älteren, aktiven Menschen gehört auch ein waches Gefühlsleben. Wir brauchen also den Dialog mit wichtigen Leuten und eine Umgebung, die unseren Geist stimuliert. Gleichzeitig sind wir auf Freundschaften angewiesen, die uns anregen und tragen.

Kurzum, die Kreativität im Alter ist auf eine Reihe von persönlichen Charakterzügen angewiesen, die in geistig, künstlerisch und emotional anregenden Gemeinschaften verfeinert werden. Schöpferische ältere Menschen haben im Lauf der Zeit eine geistige Unabhängigkeit, eine aktive Empfänglichkeit für das Ganzheitliche der Wirklichkeit entwickelt und können alles Mehrdeutige, Vielschichtige offen annehmen. Sie setzen ihre Gaben für sich und zum Wohl der Gesellschaft in einem Netzwerk von Gemeinschaften ein, die sie dabei unterstützen.

Bereiten Sie sich mit Atemübungen auf die Meditation vor. Wenn Sie in Ihrer Mitte sind und still werden, wählen Sie eine Person aus, berühmt oder kaum bekannt, die Sie wegen ihrer schöpferischen Kraft bewundern. Es wäre gut, wenn dieser Mensch schon älter ist. Stellen Sie sich ihn oder sie in seiner/ihrer Umwelt vor. Greifen Sie auf Ihre Erinnerung zurück und betrachten Sie, wie dieser Mensch frei urteilt und handelt. Sinnen Sie über die Merkmale dieser geistigen Unabhängigkeit nach. Hier geht es nicht um jugendliche Auflehnung, die sich gegen die allgemein anerkannten Normen richtet, um zur Selbst-Identität zu finden. Sie bemerken vielmehr, daß die Unabhängigkeit des Denkens oder Handelns den Anschauungen einer gewachsenen Selbst-Identität entspringt, die sich gegen die herkömmlichen Ansichten durchzusetzen weiß.
Sehen Sie sich an, wie der ältere Mensch in Ihrer Vorstellung empfänglich für eine sich ausweitende Wirklichkeit wird, ohne gleich alles deuten zu müssen. Wenn es um das Wechselspiel persönlicher Beziehungen geht, hört sich Ihr Vorbild genau an, was gesagt wird und wie es gesagt wird. Es achtet genau darauf, wie sich die anderen geben. Es möchte fähig sein, Vorschläge zu machen oder Entscheidungen zu treffen, die den anderen tatsächlich nützen. Dieses richtige Maß an Kreativität kommt nicht da-

durch zustande, daß wir unsere Gefühle und Gedanken vorschnell auf die anderen projizieren. Wenn Ihr schöpferisches Vorbild in der Wissenschaft tätig ist, sehen Sie, wie es sich geduldig Zeit läßt, damit das Material, die Dokumente, die Laborversuche ihre Geheimnisse offenbaren.

Sehen Sie mit Ihrem geistigen Auge, wie der schöpferische alte Mensch mit einer vielschichtigen Welt unterschiedlicher Strukturen, Glaubensrichtungen und Bewegungen umgeht. Er oder sie erwartet keine endgültigen Antworten. Schauen Sie, wie er oder sie alles Vielschichtige erfaßt und gar nicht erst versucht, vorschnell und oberflächlich zu urteilen. Im Bereich der Naturwissenschaften, in den Beziehungen der Menschen stehen mehrdeutige, sich sogar widersprechende Denksysteme einer allzu einfachen Harmonie entgegen. Stellen Sie sich vor, wie er oder sie in einer konkreten Situation handelt, die voller Widersprüche und Ungewißheiten ist. Was lernen Sie über die kreative Haltung, wenn Sie sich in Ihrer Vorstellung ansehen, wie dieser Mensch reagiert?

Welche Art von Gemeinschaft unterstützt Ihr Vorbild des alten Menschen und bringt ihm Anregung? Sehen Sie es inmitten von Freunden und Familienangehörigen. Vielleicht macht eine Bewegung naher oder ferner Gleichgesinnter ihm Mut und gibt seinem Denken Klarheit. Oder es sind nur einige Lehrer und Helfer, die als kleine Gruppe schöpferisch tätig werden.

Wenn Sie die Meditation beschließen, lassen Sie diese Bilder frei durch Ihren Geist ziehen. In Wirklichkeit erscheinen sie alle gleichzeitig, wobei jetzt dieser, dann wieder jener Aspekt betont ist. Sie achten wieder auf Ihren Atem und bemühen sich gar nicht erst, die inneren Bilder dieser Meditation im Gedächtnis festzuhalten. Sie werden auf ihre eigene Weise in Ihnen wirksam bleiben. Sie atmen langsam ein und aus und öffnen sich allem, was Ihnen die Kreativität auf Ihren Weg ins Alter mitgeben möchte und was zu Ihrer Persönlichkeit paßt.

20 Religiosität erfahren

Wenn Menschen sich für religiös oder nicht religiös halten, dann meistens deshalb, weil sie sich mit einer Kirche oder dergleichen verbunden fühlen oder eben nicht. In der Frühgeschichte der Menschheit wurde viel weniger zwischen religiösem und profanem Leben unterschieden. In der modernen Welt mit ihrer Aufteilung der Rollen und Funktionen verbinden wir mit Religion im allgemeinen Kirchengebäude, den Beruf des Geistlichen und spezielle Handlungsweisen. Dieses Verständnis von Religion hat natürlich seine Berechtigung, erfaßt aber nicht das Ganze und kann zu Mißverständnissen führen. Es setzt nämlich leicht die spirituelle Dimension mit äußeren Dingen gleich, als würde unsere Zugehörigkeit zu einer Konfession schon alles über unsere Religiosität aussagen. Eine differenziertere Beurteilung würde darauf achten, wie sich Lehre und Moralanschauungen einer Kirche auf die Ansichten und das Verhalten der Menschen auswirken. So können wir davon sprechen, wie ernst es den Menschen mit ihren Überzeugungen ist und wie weit sie sich an die überlieferten Lehren halten. Noch genauer läßt sich der religiöse Geist erfassen, wenn wir ihn im Zusammenhang mit den Sinnfragen sehen, die sich uns im Alltag ständig stellen, mit den moralischen Entscheidungen, die wir zu treffen haben. Diese Ebene der Religiosität kann natürlich mit den überlieferten Religionen verbunden sein, doch ein Fehlen dieser Verbindung ändert nichts an ihrem Wert. Wir sprechen hier von etwas, das grundsätzlich zum Menschen gehört, von der Suche nach der Wahrheit, nach einer tieferen Erfahrung dessen, was ist und was über uns hinausführt, nach einer gerechteren und liebevolleren Gesellschaft.

Der Altersprozeß beeinflußt die Suche, weil wir anfangen, unsere Endlichkeit zu spüren, weil viele Dinge, die für die Lebensmitte und das Alter typisch sind, unsere Aufmerksamkeit erfordern. Wir bewegen uns durch problematische Übergangszeiten unseres Lebens und sind aufgerufen, eine eigene Religiosität zu entwickeln. Eine persönliche Form der Religion kann in vielen Punkten auf eine gegebene historische Überlieferung bezogen bleiben und läßt sich doch auf keine bestimmte Religion festlegen. Eine eigene Religiosität zu entwickeln ist nicht einfach. Das erfordert Achtsamkeit, Offenheit, Selbstprüfung und einen Geist, der Risiken und Abenteuer nicht scheut. Wir müssen auch eine gewisse kindliche Zurückweisung aller organisierten Religionen vermeiden. Dazu kommt es leicht, weil die Religionen ihren übertriebenen Idealen nicht gerecht werden, oder weil uns das Bißchen, was wir über sie wissen, nicht mehr genügt, oder weil sie uns ganz einfach als Bürden aus der Vergangenheit langweilen. Wenn wir unsere eigene Religiosität entwickeln, sind wir sicher dankbar für weise und hilfreiche traditionelle Lehren. Wir begreifen aber auch, daß wir auf die echten Fragen eingehen müssen, die sich aus unseren Erlebnissen ergeben. Wenn wir unsere eigenen spirituellen Führer werden, empfinden uns andere Menschen vielleicht als nicht mehr sehr gläubig im alten Sinne. Wir sehen bestimmte Verpflichtungen und Grundsätze, die wir früher beachteten und blind glaubten, nun kritischer. Zugleich trauen wir unseren eigenen Einsichten und Urteilen auf dem Weg ins Alter.

Wir haben die persönliche Spiritualität oder Religiosität als Suche nach der Wahrheit und dem richtigen Leben bezeichnet. Die Dimension der Wahrheit schließt viel mehr in sich als nur abstraktes Wissen: zu ihr gehört die Erfahrung, die wir auf der Reise zum Sinn, zum Ziel hin gewinnen. Was bedeutet unser Leben? Was macht es lebenswert? Sind wir in Verbindung mit dem göttlichen Sein in der Welt und jenseits von ihr? Manchmal ist die Suche durch besondere Momente ausgezeichnet, die wir mystische Erfahrungen nennen. Ist durch Gott für uns alles anders? Ist die Reise unser eigenes Werk oder trägt und beflügelt uns die Gnade? Wie wird sie in einer Welt wirksam, die oft genug jeder Suche gegenüber gleichgültig scheint oder sie sogar untergräbt? Durch solches Suchen bemühen wir uns, herauszufinden, was Religiosität bedeutet, denn wahre Spiritualität hat weniger etwas mit übernommenen Antworten als mit einem persönlichen Prozeß zu tun, der zu echtem Fragen führt. Noch einmal, diese Fragen werden nicht in einem Vakuum gestellt. Sie steigen in uns auf, weil wir im Alltag Erfahrungen machen, weil wir uns bestimmten Herausforderungen stellen, die uns, unsere Familien, unsere Gesellschaft angehen. Spiritualität hat also auch etwas mit einer Suche nach der Wahrhaftigkeit eines Lebens zu tun, das von ethischen Grundsätzen geleitet ist. Auf dieser Ebene ergeben sich neue Fragen. Begegnen wir den Menschen, die uns am nächsten stehen, mit Achtung und Güte? Sind wir unbestechlich in dem, was wir tun? Wie können wir uns verantwortlich für die großen gesellschaftlichen, ethischen Themen Gerechtigkeit, Frieden und Umweltschutz einsetzen?

Die Religiosität erfüllt also als persönliche Suche nach Wahrheit und richtigem Leben unser gesamtes Dasein. In der Art, wie wir von Tag zu Tag leben, zeigt sich unsere Spiritualität. Sie hat vor allem damit zu tun, was in uns vorgeht, und wie wir uns den anderen gegenüber verhalten. Organisierte Religionen kommen hier erst an zweiter Stelle. Der Altersprozeß fordert uns eigentlich auf, die Reise hin zum Ziel anzutreten, auf tiefere, umfassendere Weise Mensch zu sein, was das gleiche bedeutet wie religiös oder spirituell zu sein. Die Wege führen nach innen wie nach außen. Die Meditation in der Einsamkeit oder zusammen mit anderen macht die inneren Stimmen hörbar. Manchmal müssen wir aufmerksam die Bilder und Geschichten betrachten, die in Träumen und besinnlichen Dämmerstunden ins Bewußtsein aufsteigen. Dann wieder werden wir in der Meditation sehen, was eine Geschichte oder Lehre, die auf eine historische, spirituelle Bewegung zurückgeht, uns persönlich zu sagen hat. Mittelalterliche Theologen sprachen davon, daß wir das, was wir in uns kontempliert haben, in die äußere Welt tragen müssen, und nannten es *contemplata tradere*. Hier kommt es auf das Wechselspiel der inneren und äußeren Funktion der Religiosität an. Die Kontemplation verschafft uns Einsichten über uns selbst und beflügelt uns, auf neue Weise in die Welt hineinzugehen, und gleichzeitig fordern uns die Ereignisse draußen auf, nach sinnvollen Wegen zu suchen, die uns ein wahrhaftiges Handeln ermöglichen. So weckt die Not der Armen, Hungrigen, Kranken und Unterdrückten unser Gewissen. Wir werden uns über Spiritualität und ethische Grundsätze bewußt und beginnen zu handeln.

Es gibt unterschiedliche Wege, die Religiosität im Innern zu erfahren, und daher auch die verschiedensten Möglichkeiten, die Spiritualität nach außen zu bringen. Unser religiöses Empfinden kann je nach Erziehung, Temperament und auch Alter ganz anders sein. In der Lebensmitte und im Alter können sich die meisten von uns an religiöse Verhaltensweisen in der Jugend erinnern, die heute nicht mehr zu uns passen würden. Sehr hilfreich ist der Gedanke, daß verschiedene Persönlichkeitstypen von unterschiedlichen Formen der Religion angezogen werden. Manche werden fast immer still und verinnerlicht sein, andere wollen vor allem an Ereignissen liturgischer oder charismatischer Natur teilnehmen. Wenn uns die Spiritualität an ethische Fragen heranführt, kann es zu einem Meinungsstreit darüber kommen, was das Gewissen wirklich von uns fordert. Die Befreiungstheologen zum Beispiel betrachten eine gründliche Reform der politischen, sozialen und wirtschaftlichen Strukturen als eine Aufgabe der Religion. Andere, zum Beispiel viele evangelische Christen, unterstützen direkte Wohltätigkeit zugunsten der Armen, doch eine Reform der Institutionen und der Gesellschaft gehört für sie nicht zu den Aufgaben der Religion. Die eine Gruppe legt die Bibel sozialkritisch aus, die andere fürchtet, daß eine Verstrickung in die Politik der Religiosität schaden wird. Diese Themen sind in den letzten Jahren ausführlich behandelt worden. Für uns ist hier die Erkenntnis wichtig, wie unterschiedlich der religiöse Impuls in der äußeren Welt gelebt werden kann. In vielen Fällen ergänzen sich die unterschiedlichen Richtungen gegenseitig. Manchmal führt die Umsetzung religiöser Überzeugungen zu großen Streitigkeiten. Wenn die konträren Meinungen nicht zu hart aufeinanderprallen sollen, müssen wir im Dialog einen weiteren Aspekt wahrer Spiritualität beachten, nämlich den Respekt vor den Überzeugungen und dem Glauben der anderen. Wir dürfen nicht nachlassen, die persönliche Würde derer zu achten, die anderer Meinung als wir sind.

Wenn Sie nun über diese Themen meditieren wollen, nehmen Sie eine bequeme Stellung ein, die es Ihnen erleichtert, aufmerksam zu bleiben. Machen Sie ein paar Minuten lang langsam Atemübungen, damit Sie ruhig werden und Ihre Mitte finden. Vielleicht möchten Sie beide Hände mit den Innenseiten nach oben in einer Geste der Offenheit und Empfänglichkeit auf die Schenkel legen. Beginnen Sie mit einer Meditation darüber, daß Sie als Mensch von Natur aus religiös sind. Wenn Sie soweit sind, stellen Sie sich einen hellen Lichtpunkt in Ihrer Brust vor. Das Licht ist golden und symbolisiert die Suche nach Weisheit, jener Verbindung aus Erfahrung und heilsamem Wissen. Sie bemerken, daß sich der goldene Lichtkreis mit hellen Strahlen in alle Richtungen ausdehnt und Ihren ganzen Körper, die gesamte Person erfüllt. Das Leuchten ist gleichzeitig eine warme Energie, die von der Mitte nach außen pulsiert. Das Licht und die Wärme strahlen über Sie hinaus. Sie begegnen ähnlichen Strahlen, die von anderen Wesen auf der Welt ausgehen. Das symbolische Bild steht für unser Thema: die Religiosität wohnt tief in Ihnen und in den anderen. Auf der Suche nach Sinn und Weisheit durchdringt es Sie in all Ihren Aspekten. Außerdem dehnt sich Ihre Spiritualität nach außen aus und trifft auf die religiösen Energien der anderen, und zwar so, daß gemeinsam neue Einsichten gewonnen werden und nach ethischen Grundsätzen gehandelt wird. Sie sind ein Mikrokosmos des Universums, ein Wesen der Erde, das mit spirituellem Licht erfüllt ist.

Als Mensch, der die Lebensmitte oder das Alter erreicht hat, möchten Sie im Alltag direkter die Aufgabe angehen, auf dieser Erde ein religiöses Leben zu führen. Gehen Sie in Ihrer Erinnerung zurück in die Jugend und versuchen Sie zu erfassen, was Sie damals unter Religiosität verstanden. Möglich, daß Sie sie rein mechanisch lebten, um Ihre Eltern oder andere Autoritätspersonen zufriedenzustellen. Vielleicht war in Ihrer lebendigen Erfahrung die Religion in eine winzige Schublade gezwängt. Oder mußten Sie sich verstellen und sich schreckliche Ermahnungen anhören? Es kann auch positive Augenblicke gegeben haben, in denen die Religion Ihrer Kindheit oder Jugend schon Ausblicke auf die allumfassende Welt des Geistes bot. Stellen Sie sich diese Augenblicke hell wie das goldene Licht vor, nur weiter weg. Vielleicht ist es so klein wie der Scheinwerfer einer Lokomotive, die noch Kilometer entfernt ist. Das Licht nähert sich, wird größer und leuchtet die Landschaft aus. Die Gleise versinnbildlichen Ihre Lebensreise, die Sie dem Alter näherbringt. Sie möchten jetzt das Licht genauer sehen, das die Welt in Ihrer Umgebung erleuchtet und Ihnen zeigt, was Sie tun müssen.

Sie verstehen, daß das Licht gegeben wird: es kommt auf Sie zu. Es wohnte unsichtbar in Ihrem Inneren. Sie sind mit Ihrem Geist und Körper aufgerufen, in das Licht zu kommen, es zu genießen, Verantwortung für es zu übernehmen und sein Zeuge zu werden. Sie sind berufen, als menschliches Werkzeug im Dienst dieser wachsenden, sich entfaltenden Erleuchtung zu leben. Das Licht ist stets in Gefahr: es kann durch Nachlässigkeit und Gewalt verdunkelt werden. Die Quelle des Lichts braucht Sie als Wächter seiner heilsamen Wärme und Helligkeit. Ihnen sind die vielen Jahrzehnte nicht geschenkt worden, damit Sie den Verlust der Jugend bejammern oder von ihrem fernen Glanz her leben. Das Geschenk der Jahre ist Ihnen gemacht worden, damit Sie tiefer erleuchtet werden und ein Leuchtfeuer sind, das heilendes Licht in die Welt strahlt.

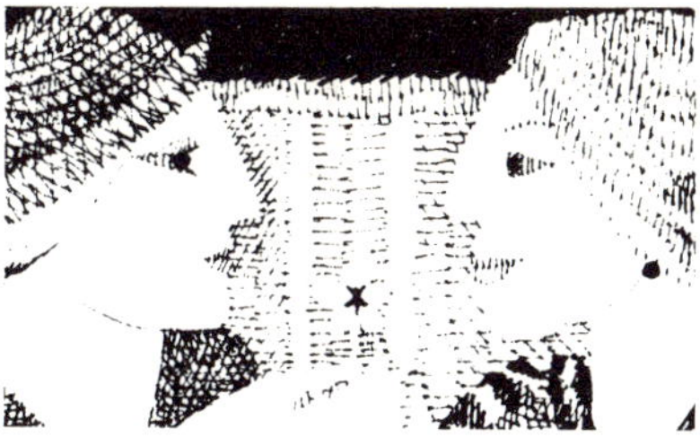

21 Freunde/Feinde schaffen

Ein wichtiges Ziel in der Lebensmitte und im Alter besteht darin, unseren Freundeskreis zu erweitern und bestimmte Freundschaften zu vertiefen. Diese Meditation über Freunde und Feinde kreist um die Themen von Liebe und Haß, zwei gewaltige Kräfte, die uns in den reiferen Jahren für die spirituelle Entwicklung öffnen oder uns verschlossen, bitter und argwöhnisch werden lassen. Die Nachrichtenmagazine zeigen uns Woche für Woche, daß die Welt voller Haß und Feindseligkeiten ist. Wir können nicht so naiv sein und behaupten, es gäbe einfache Mittel, Feindseligkeit und Gewalt unter den Menschen abzustellen. Wir verdrehen die Wahrheit, wenn wir über die persönlichen und gesellschaftlichen Bedingungen hinwegsehen, die vielen Menschen und gesellschaftlichen Schichten schaden und ihnen Feindeshaß einimpfen. Wenn es uns im Altersprozeß mit der geistigen Reife ernst ist, sind wir aufgefordert, die Wurzeln unserer eigenen feindseligen Gefühle zu erforschen. Wenn wir weise und barmherzig sein wollen, müssen wir uns fragen, warum wir hassen, oder warum wir, wenn uns das Wort zu stark ist, bestimmte Menschen oder Gruppen nicht ausstehen können.

Unser Haß stammt zu einem großen Teil aus Angst, und die Angst hat ihre Ursache in tiefer Unsicherheit. Wir fürchten, was uns zu bedrohen scheint, und sind ihm feind. Auch hier kommt es sehr darauf an, ob wir Vertrauen und Sicherheit kennengelernt haben. Wir alle tragen einige Angst aus der Kindheit mit uns herum, auch wenn uns das unbewußt ist, und unterdrückt und verdrängt wurde. Wir brauchen unter Umständen Jahre, bis wir erkennen, wie unsicher wir im Hinblick auf die eigene Identität, unseren Wert, unser Weiterleben sind. Wenn wir Glück hatten und von fürsorglichen Eltern aufgezogen wurden, haben wir vielleicht weniger Angst vor einer Bedrohung durch andere. Wir haben sozusagen einen Vorteil, können uns leichter mit unseren Ängsten befassen und freundlich auf die anderen zugehen. Viele Menschen sind jedoch früh und nachhaltig durch Ungewißheiten verletzt worden, und in der Regel werden diese Wunden später durch einzelne oder Gruppen noch vertieft.

Diesen Menschen fällt es unglücklicherweise leichter, sich Feinde zu machen, als Freundschaften zu pflegen. Bewußt ist es ihnen nicht; sie würden diese negative Einstellung gewiß abstreiten. Denken wir einen Augenblick über die tieferen Bedürfnisse der Menschen nach, die sich Feinde machen. Auf eine seltsam verdrehte Weise fühlen sie sich sicherer, wenn sie andere Menschen, Institutionen oder Bewegungen von sich fernhalten, indem sie sie zu Feinden erklären, die ihre brüchige Sicherheit bedrohen würden. Ist der Feind erst einmal ausgemacht, stellt sich ein bestimmtes Wohlgefühl ein. Wer die Ursachen seiner Ängste nicht benennen kann, lebt ständig wie in einem Alptraum, der Formen des Wahns annehmen kann. Auf der bewußten Ebene sehnen sich solche Leute nach Freundschaft. Sie bestätigen gern, daß Freunde etwas Wertvolles sind. Doch eine stärkere Motivationsebene, die meistens unbemerkt bleibt, setzt sich durch. Das Bedürfnis nach Feinden ist größer. Freunden kann man nicht trauen. Die Wunden aus der Vergangenheit beweisen es ja.

Aus dem eben Gesagten könnten wir vielleicht irrtümlicherweise schließen, daß es keine Feinde gibt, daß wir sie uns nur schaffen. Das stimmt nicht. Sicher gibt es Menschen, die durch ihre Umwelt verbogen und entmenschlicht und damit gefährlich werden. Die Gesellschaft muß Maßnahmen ergreifen, die vor Destruktivität schützen. Außerdem kann es zu Bewegungen kommen, die die Gewalt verherrlichen, wie wir das vor nicht allzu langer Zeit bei den Nazis erlebt haben. Diese Meditation will uns in unseren reiferen Jahren keinen falschen Optimismus einreden. Es ist nämlich genau der Sinn für die Wirklichkeit, der uns dazu zwingt, einen genauen Blick auf unsere Neigung zu werfen, uns unnötigerweise Feinde zu schaffen, was die Destruktivität in der Welt nur vergrößert. In den meisten Kriegen wird das sehr deutlich. Die Führer erklären eine bestimmte Gruppe zum Feind, zu bösartigen Untermenschen, und stacheln junge Männer an, mit schrecklicher Gewalt gegen sie vorzugehen. Die Feinde sind keine Menschen mehr, und daher ist es gut, sie zu töten. Ganz gleich, welchen Krieg wir uns ansehen, stets stoßen wir auf diesen psychologischen Mechanismus. Iran – Irak, Israelis – Palästinenser, irische Katholiken und Protestanten: wir können die Liste fortsetzen und finden nichts als diesen Mechanismus, der Feinde hervorzaubert. Manchmal wird sein Räderwerk mit religiösen und/oder politischen Ideologien geschmiert, dann wieder kommt er in Schwung, weil wirklich Unrecht und Unterdrückung herrschen. Ganz gleich, was der Anlaß ist, wir fühlen uns wieder so unsicher wie in frühester Zeit, und unsere nur allzu große Bereitschaft, uns Feinde zu schaffen, kommt zum Zuge. Es fällt uns sehr schwer, zwischen der Ungerechtigkeit und ihrem Verursacher, der Untat und dem Missetäter zu unterscheiden. Wir werfen alles in einen Topf und haben einen Feind, dem wir ausweichen oder den wir angreifen können.

Freunde zu gewinnen ist eine schwierige Aufgabe. Auf der persönlichen Ebene verbindet uns mit Freunden gewöhnlich eine gewisse Wesensverwandschaft. Wir haben ähnliche Interessen und Ansichten. Unter diesen Voraussetzungen können wir eine vertrauensvolle Beziehung aufbauen und unser Zusammensein genießen. Freunde können natürlich unterschiedlicher Meinung sein, doch achten sie darauf, daß Zuneigung und gegenseitiger Austausch darunter nicht leiden. Die Verantwortung, die mit der Lebensmitte kommt, führt leicht dazu, daß wir persönliche Freundschaften vernachlässigen. Freundschaften aufbauen und pflegen ist aber einer der wichtigsten Aspekte des schöpferischen Alterns. Freunde aus früheren Zeiten halten die Erinnerungen an bedeutsame, formende Erfahrungen wach. Diese Freunde sind wie lebendige Fäden, die uns das Gewebe unseres Daseins als ein zusammenhängendes Ganzes bewußt machen. Sie tragen uns in der Gegenwart, während wir die neuen Stränge unserer Geschichte ineinander flechten. Die nahen Freunde sind Teil unserer Schlüsselerlebnisse, die dadurch viel mehr sind, als sie ohne die Freundschaft je sein könnten. Freunde kennen ein gemeinsames, inneres Leben. Diese Gegenwart der Freunde im Inneren macht unsere Welt, unser Dasein weit.

Wenn sich die Freundschaft der Intimität nähert, lauern neue Gefahren. Die Einzigartigkeit dieser Art der Bindung und die Intensität des emotionalen Einsatzes bringen unsere tiefsten Ängste, Erwartungen und Sehnsüchte in Bewegung. Diese sehr verletzlichen Bereiche unseres Ich, die von kameradschaftlichen Freundschaften gewöhnlich nicht berührt werden, liegen in der intimen Beziehung offen. Hier können wir am tiefsten heilen oder den schwersten Schaden anrichten. Wir wollen auf diese Freundschaften nicht ausführlich eingehen. Es gibt schon eine Menge guter Bücher zu dem Thema. Wir möchten nur auf das subtile Kräftespiel dieser Freundschaften hinweisen. Sie sind eins der besten Mittel, Unsicherheiten aus der frühen Kindheit zu überwinden und eine umfassende Entwicklung einzuleiten. Freundschaften (gerade die intimeren) können auch in Feindschaften umschlagen, die uns seelisch verletzen und Angst machen, niederdrücken und argwöhnisch werden lassen und uns, kurz gesagt, dazu bringen, überall Feinde zu sehen.

Freundschaft bedeutet offene, wohlwollende Kommunikation auf allen Ebenen, auch wenn sich das unterschiedlich ausdrücken wird. Wenn wir unsere Abwehr, die auf Unsicherheit beruht, allmählich überwinden, können wir anderen offener die Wahrheit sagen und sie auch von ihnen eher annehmen. Ohne wahre Kommunikation ist tiefere Freundschaft nicht möglich. Ein guter Austausch ist wesentlich, und das gegenseitige Wohlwollen verleiht ihr Wärme. Das italienische »ich liebe dich«, *ti voglio bene*, heißt wörtlich übersetzt »ich will dein Wohl«; es legt mehr Betonung auf das Wohlwollen als auf die Liebe. Die besten Freundschaften, in der Ehe und in anderen Beziehungen, entstehen aus dem Wunsch, daß es unseren Partnern gut gehen möge. Diese Liebe geht über die romantischen Gefühle hinaus und ist nicht nur ausdauernder, sondern auch wertvoller.

Offenheit und Güte kennzeichnen auch die Freundschaft auf der gesellschaftlichen Ebene. Offenheit bedeutet, daß wir die Menschen anderer Kulturen und Glaubensrichtungen so gut wie möglich von ihrem eigenen Hintergrund her zu verstehen suchen. Diese Haltung läßt auch Meinungsverschiedenheiten zu. Wichtig ist, wie wir mit ihnen umgehen. Hören wir mit einem Geist zu, der sich grundsätzlich allem Neuen verschließt, der die anderen Rassen, Völker und Religionen schon in Schubladen gesteckt hat und für schlecht und gefährlich hält? Haben wir sie unter dem Deckmantel des Dialogs nicht schon längst als unverbesserliche Untermenschen abgestempelt? Oder bewegen wir uns aus der Offenheit heraus zu Güte und Wohlwollen? Der Wunsch, daß es anderen Gruppen gutgeht, genügt noch nicht, um vergangenes Unrecht gutzumachen oder um die heutigen Strukturen der Ungerechtigkeit und Unterdrückung zu verändern. Doch echtes Engagement, das für das Wohl der anderen Sorge trägt, für die besonders, die unterdrückt sind oder die wir als Feinde vorgeführt bekamen, macht uns zu wahren Helfern, die die Freundschaft unter den Menschen pflegen. Die Lebensmitte und das Alter sind eine gute Zeit, den Aufbau von Freundschaften mit einzelnen oder Gruppen zu einem der wichtigsten Ziele zu machen.

Setzen Sie sich für diese Meditation bequem und aufrecht hin. Beginnen Sie mit Atemübungen, damit Sie still werden und Ihre Mitte finden. Lassen Sie vor Ihrem geistigen Auge ein paar Menschen erscheinen, die Sie nicht mögen. Vielleicht fallen Ihnen

Berühmtheiten ein, persönliche Bekannte oder Familienangehörige. Sinn dieser Meditation ist nicht, Schuldgefühle in Ihnen zu wecken, weil Sie negative Gefühle anderen gegenüber haben. Lassen Sie die Gefühle, wie sie sind. Sie brauchen sie nicht mit Gewalt zu ändern. Wir nehmen uns vielmehr vor, so gut wie möglich zwischen den handfesten Gründen, warum wir Menschen nicht leiden können, und unseren Ängsten und Unsicherheiten zu unterscheiden, die uns dazu bringen, Feindbilder zu schaffen. Sie beobachten ruhig, wie der Betreffende auf seine typische Art spricht und handelt, und fragen sich, was Sie am meisten stört. Können Sie ähnliche Aspekte in sich selbst entdecken? Möglicherweise übertreibt das Bild Züge, die Sie an sich selbst nicht ausstehen können, die Sie aber nie geändert haben.
Es kann aber auch sein, daß die feindliche Gestalt negative Eigenschaften zeigt, die nichts mit Ihnen zu tun haben und die Sie zu Recht ablehnen. Können Sie in diesem Fall die negativen Eigenschaften von der eigentlichen Persönlichkeit des anderen trennen? Wenn Ihnen das möglich ist, verweilen Sie bei allem Liebenswerten des anderen. Wenn Sie die einzelnen Charakterzüge nicht von der Persönlichkeit trennen können, gestehen Sie sich diese Tatsache erst einmal ein. Sie räumen außerdem ein, daß Sie sich unter Umständen irren können. Dann nehmen Sie das negative Gefühl dem anderen gegenüber als echtes Gefühl in sich an – es hat kaum etwas mit den Abwehrmechanismen zu tun, die auf Ihre Unsicherheit zurückzuführen sind. Als älter werdender Mensch möchten Sie so bewußt wie möglich alle negativen Gefühle gegenüber anderen meiden, die ausschließlich aus ungeprüften reflexartigen Reaktionen aufsteigen. Sie sehen nun deutlicher, daß Sie diese Abwehrhaltung nicht nötig haben, daß sie Ihre Menschwerdung nur behindert.
Betrachten Sie jetzt Gruppen, die Ihnen unsympathisch sind. Es kann sich um ein ganzes Volk handeln oder um politische oder soziale Bewegungen. Vielleicht fällt Ihnen eine Organisation ein, die für eine Religion oder Kultur eintritt. Nehmen Sie die, die im Augenblick die stärksten negativen Gefühle auslöst. Rufen Sie sich so deutlich wie möglich vor Augen, was ihre Mitglieder tun,

wie sie reden, welchen Werten sich die Bewegung verschrieben hat. Lassen Sie Ihre wahren Gefühle aufsteigen. Sie irgendeiner Idealvorstellung zuliebe zu unterdrücken schiebt die notwendige Begegnung mit ihnen nur auf. Können Sie das zentrale Gefühl diesen Leuten gegenüber benennen? Ist es Neid, Verachtung, Angst, Feindseligkeit oder nackter Haß? Versuchen Sie, das Wesen Ihres Gefühls zu bestimmen, lassen Sie es auf sich wirken, lassen Sie es sein. Wenden Sie sich nun wieder der Gruppe zu. Gilt Ihre negative Einschätzung der Leute für alles, was sie tun oder vorhaben? Werfen Sie wieder einen Blick auf sie, schauen Sie, ob Sie nicht Tätigkeiten oder Aussagen entdecken, die Sie bewundern könnten. Vielleicht sorgen sie gut für ihre Familien, unterstützen wohltätige Einrichtungen oder bringen Zeit und Energie für ein Schulungsprojekt auf, das den weniger Privilegierten zugutekommt. Wenn Sie diese Seite der ungeliebten Gruppe betrachten, bekennen Sie sich ruhig zu den positiven Gefühlen, die in Ihnen aufsteigen, und die Sie im Zusammenhang mit diesen Leuten nie für möglich gehalten hätten. Sie lassen zu, daß Ihr Ich ins Gleichgewicht kommt und sich feinfühliger mit der Gruppe der »Feinde« auseinandersetzen kann. Damit schaffen Sie die Voraussetzungen für eine kreative Entwicklung im Alter. Als reifer Mensch sind Sie selbstsicher genug und brauchen keine Feindbilder mehr. Sie verstehen, daß eine umfassendere Betrachtungsweise der ungeliebten Gruppen die Gefühle in Ihrer Psyche und in der Welt abschwächt, die auf Gewalt aus sind.

Beenden Sie Ihre Meditation, indem Sie die Worte »Offenheit« und »Wohlwollen« als Mantras einsetzen. Sie atmen tief und langsam und stellen sich vor, daß Sie mit dem Einatmen die Welt, so wie sie ist, offen in sich hereinnehmen. Sie müssen sich letztendlich entscheiden, was Sie für gut oder böse halten, aber nehmen Sie zunächst alles vorurteilsfrei und freundlich hin. Wenn Sie ausatmen, lassen Sie das Gefühl des Wohlwollens aus sich herausströmen, damit es die Menschen und Gruppen, die Sie nicht mochten, wie eine heilende Wolke einhüllen kann. Üben Sie das ein paar Minuten. Sie bereiten Ihren Geist darauf vor, in ein Alter hineinzuwachsen, das sich Freundschaften weit öffnet.

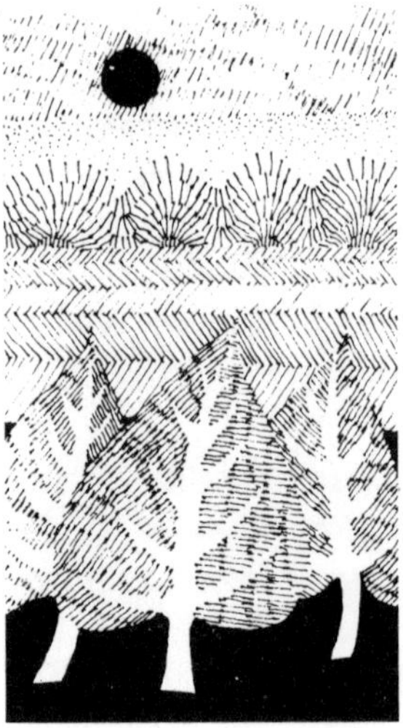

22
Sinn und Werte entdecken

Altern heißt sich verändern. Der Prozeß wird auf der körperlichen Ebene am deutlichsten sichtbar. Uns fallen drastische Unterschiede auf, wenn wir anhand von Fotos die Geschichte eines Menschen von der Kindheit bis ins Alter betrachten. Rasch und fast unbewußt ordnen wir Menschen nach ihrem Aussehen bestimmten Altersgruppen zu. Wir sind manchmal überrascht, wie sehr sich die körperliche Erscheinung eines Freundes verändert hat, den wir lange nicht gesehen haben. Wir bemerken auch psychische Veränderungen und sprechen von Reife oder neuen Verhaltensweisen. Junge Erwachsene bezeichnen wir als reif, weil sie Verpflichtungen übernehmen, die sie als Kinder überfordert hätten. Oder wir stellen fest, daß eine alte Freundin ihre Ansichten über Politik oder Gesellschaft geändert hat. Außerdem hören wir überall, daß das Altern mit Veränderungen verbunden ist. Viele Gesetze, die den Ruhestand alter Menschen regeln, beeinflussen unsere Einstellung. Wir rechnen alte Menschen einer Gruppe zu, die bedeutsame Veränderungen hinter sich hat. Sie haben Abschied vom Arbeitsleben genommen, stellen nicht mehr so große Anforderungen an das Leben und sind unter Umständen pflege- und schutzbedürftig. Vielleicht übersehen wir angesichts dieser körperlichen, seelischen und gesellschaftlichen Veränderungen die allerwichtigsten, die mit Sinnfragen und Wertmaßstäben zu tun haben. Wie verändert sich beim Älterwerden die Lebensphilosophie, was geschieht mit unseren ethischen Grundsätzen, unserem Sinn für Schönheit? Wie haben wir uns über die Jahre geistig verändert?

Bevor wir uns direkt mit dem Thema einer Vertiefung der Sinnfrage und der Wertmaßstäbe befassen, sollten wir uns überlegen, wieviel wir wirklich ändern können und ob wir es auch tun. Viele Menschen scheinen nicht an Veränderungen interessiert, die zu einer Entfaltung ihrer Möglichkeiten führen würden, während andere wieder zuviele Veränderungen wollen. Letztere wollen unglücklicherweise die ihnen gesetzten Grenzen überschreiten. Sie greifen rasch nach allen möglichen therapeutischen Hilfsmitteln, die nur das Ich aufblähen oder zu Enttäuschungen führen, weil sich die Erwartungen nicht erfüllen. Übertriebene Forderungen hinsichtlich der Möglichkeiten des Menschen, von Astralreisen bis zu parapsychologischen Glanzleistungen, sind wohl als Versuche zu verstehen, unsere Endlichkeit und Sterblichkeit zu vergessen. Auf einer etwas weniger »magischen« Ebene versichern uns eine Menge religiöser Prediger und Therapie-Gurus, daß sich unsere Persönlichkeit wunderbar ändern wird, wenn wir ihre Anweisungen beachten. Sie bieten uns eine Art Sofortumwandlung an, die auf einer religiösen Bekehrung beruht. Die Bekehrten vergleichen das »Vorher« und »Nachher« und sprechen von großen Veränderungen des Verhaltens und der Anschauungen. Wer psychisch bekehrt wurde, verweist auf extreme Veränderungen der Lebensführung, schwört den üblichen westlichen Sitten ab und begibt sich in Gemeinschaften, die den Geboten eines leitenden Guru folgen. Wenn wir uns die einzelnen lange ansehen würden, könnten wir vielleicht feststellen, daß die Veränderungen der Persönlichkeit und die geistige Wandlung doch nicht so extrem war. Schließlich sind auch nicht alle Veränderungen erstrebenswert: wir tun gut daran, gewisse Veränderungsvorschläge genau zu prüfen und gegebenenfalls abzulehnen.

In welchem Umfang können wir uns im Altersprozeß wirklich verändern? Wichtig ist hier, daß wir einige gegebene Tatsachen berücksichtigen, die die persönliche Entwicklung einschränken oder stark bedingen. Unser spezielles genetisches Erbe hat einen Einfluß darauf, was uns an geistigem, seelischem und körperlichem Wachstum möglich ist. Unser Leben wird immer im Rahmen gewisser Parameter von unseren Gaben und Veranlagungen geformt. Ferner prägen die Erfahrungen der frühen Kindheit unser Leben auf ganz entscheidende Weise. Unsere Fähigkeit, zu vertrauen und uns selbst in unserem Verhältnis zur Welt zu akzeptieren, hängt davon ab, daß sich im Zusammensein mit den Eltern früh Vertrauen entwickelt. Erworbene Eigenschaften wie Nervosität oder Angst lassen sich ebenfalls auf das Wechselspiel von genetischer Anlage und frühen Familieneinflüssen zurückführen.

Auf unserem Lebensweg begegnen wir den vielen Kräften und Möglichkeiten, die sich jedem von uns auf ganz spezielle Weise stellen, und können uns durchaus ändern. Doch die meisten von uns erkennen in der Lebensmitte überrascht, wie schwer die Programmierungen aus der frühen Kindheit zu verändern sind, vor allem gewisse Denk- und Handlungsweisen, die wir jetzt für negativ halten. Die Erkenntnis, daß Veränderungen nur in Grenzen möglich sind, kann doppelt hilfreich sein. Zum einen schützt sie uns vor Enttäuschungen, wenn wir mit verschiedenen Techniken versucht haben, menschlich und spirituell zu wachsen, und dann bemerken, daß die alten Verhaltensweisen sich wieder einschleichen. Zum zweiten offenbart uns das Bewußtsein unserer Grenzen, daß unser Denken, unsere Gefühlswelt, unsere Spiritualität einzigartig sind. Wir müssen uns auf eine Art entwickeln, die unserem Persönlichkeitstyp mit seinen Anlagen entspricht. Gewisse Lehren, Lehrer und Praktiken entsprechen uns auf dem Weg zur Ganzheit besser als andere. Kurzum, wir können unser Denken, Fühlen und Verhalten im Einklang mit unseren Erbanlagen und frühen Kindheitserfahrungen ändern.

Welche Art der Veränderung bringt uns in der Altersphase die Erfüllung? Eine Änderung oder Entwicklung hin zu einer äußerst

beflügelnden und schönen, menschlichen (sinnvollen) Daseinsform, die unseren Neigungen, Entscheidungen und nützlichen Handlungen Kraft geben kann. Wenn wir »sinnvoll« oder »Sinn« hören, fällt uns oft das Wort Lebensphilosophie ein. Sie bezeichnet die Ideale und Ziele, die Teil der höchsten Erkenntnis der Menschen sind und sie bewegen, tugendhaft zu leben. Tugenden sind jene Eigenschaften oder Veranlagungen von Herz und Verstand, die uns in Übereinstimmung mit dem Sinn des Lebens handeln lassen. Darüber mehr, wenn wir uns den Werten zuwenden. Den Sinn richtig zu erfassen, ist eine nie endende Aufgabe, zu der ganz wesentlich die Veränderung gehört. Wir sind den unterschiedlichsten Einflüssen ausgesetzt, die sich wieder auf unser Verständnis der Sinnzusammenhänge auswirken. Denken wir nur an die Eltern, Geschwister, Freunde, Lehrer, an schmerzliche oder wunderbare Ereignisse, an Religion und Bildung. Unsere Auffassung vom Sinn kann allerdings in verschiedenen Lebensabschnitten durcheinandergeraten. Alte Sinnzusammenhänge können aus vielerlei Gründen zerbrechen, so wenn zum Beispiel neue Lebensphasen in eine noch nie dagewesene Krise münden, und bisher sinnvolle Traditionen nicht mehr ausreichend verstanden werden. Oder wir begegnen anderen Vorstellungen über den Sinn, die unsere Selbstsicherheit erschüttern, weil sie frühere Sinnzusammenhänge in Frage stellen. In solchen Krisen entscheiden wir uns entweder für Ziele, die weniger hoch liegen, oder bemühen uns um ein umfassenderes Weltverständnis, in das wir Aspekte der neuen, herausfordernden Vorstellungen einbauen. Der Pluralismus der heutigen Welt mit seinen vielen Möglichkeiten der Begegnung verlockt uns ständig, unseren Sinnzusammenhang neu zu formulieren. Christen, Buddhisten, Juden, Marxisten, Sozialisten, Kapitalisten, Demokraten, Anhänger totalitärer Grundsätze und viele andere legen uns ihre konkurrierenden Anschauungen über den Sinn vor. Wo stehen wir persönlich, wenn wir über den Sinn des Ganzen nachdenken?
Bei dieser Frage geht es um unsere Ideale und Ziele. Möglich, daß wir über so etwas nie nachdenken. Wir bewegen uns lieber Tag für Tag automatisch weiter und fragen nicht lange nach Lebens-

zielen. Das mag uns einfacher erscheinen, bedeutet aber fast immer, daß unser Leben von den Zielen und Idealen abhängig ist, die zu unserer Kultur insgesamt gehören, und die wir gar nicht bewußt sehen. Unsere Weltanschauung basiert dann auf den üblichen Vorstellungen, die uns die Medien nahebringen. Wir schwimmen mit dem Strom. Wir planen und gestalten unser Leben nicht selbst. Heute kümmern sich viele Menschen eher um ihre Zukunft, planen ihre Karrieren, legen ihr Geld an und sichern ihren Ruhestand. Die gleichen Menschen scheinen ganz zu vergessen, daß sie auch Pläne für die Lebensmitte und das Alter machen können, die eine ganzheitliche Erfüllung zum Ziel haben. Sie glauben irrtümlicherweise, daß materielle, berufliche und familiäre Ziele schon eine umfassende Entfaltung der Möglichkeiten gewährleisten, die ihnen als seelisch-geistigen Wesen offenstehen. Kein großes, schönes Mosaik, ob nun abstrakt oder gegenständlich, wurde je ohne Entwurf zusammengesetzt. Wenn unser Leben zu einem schönen Mosaik werden soll, müssen wir Vorentwürfe machen, die wir überarbeiten, sobald uns die Ziele klarer werden. Es ist nie zu spät, den Gesamtentwurf des Mosaiks ins Auge zu fassen, wobei wir mit den Teilen beginnen, die uns am vertrautesten sind.

Wenn wir von den Gedanken sprechen, die wir uns als alternde Menschen über den Sinn machen, müssen wir auch auf die Werte eingehen, für die wir uns konkret entscheiden und nach denen wir leben. Der Sinn oder der Horizont steht am Ende oder ist das Ziel, während die Wertmaßstäbe die Mittel sind, die uns dem Ziel näherbringen. Es ist sicher nützlich, diese Zusammenhänge begrifflich abzuhandeln, doch ist es eine dankbarere Aufgabe, uns anzusehen, wie bei bestimmten Menschen, die uns Vorbild sein können, Sinn und Wert eine Einheit werden. Wir wollen sie natürlich nicht sklavisch nachahmen. Das würde unserer Einzigartigkeit nicht gerecht und letztlich unsere Entwicklung hemmen. Einige Menschen aus Vergangenheit und Gegenwart haben in ihrem Leben Tugenden in sich vereint, die das Altern leicht machen. Natürlich sind diese Berühmtheiten nicht gleich auf ein Ziel losgestürmt, das sie sich ganz allein ausgedacht hatten. Das wäre eine verzerrte Darstellung des Prozesses, der zu einer Erweiterung unseres Horizontes führt.

Große Menschen waren der Ansicht, daß sich ihnen die Ziele allmählich offenbarten, während sie versuchten, nach eigenen Wertmaßstäben zu leben. Das war so bei Jesus und Franz von Assisi, Maimonides und Mohammed, und bei vielen anderen spirituellen Männern und Frauen. Heilige des Ostens wie Gautama und Gandhi verkörperten die Werte Weisheit und Mitgefühl auf eine Art, die eine Bereicherung für das westliche Denken und Handeln ist. Wenn wir über unsere Helden sprechen, zeigen wir, wo unsere höchsten Ideale liegen. Diese Vorstellungswelten bleiben jedoch abstrakt, wenn wir nicht tatsächlich den Weg der Tugenden beschreiten, den große Geister beispielhaft wiesen. Wir unterschätzen unsere spirituellen Fähigkeiten: wir alle sind potentielle Mystiker und Heilige. Vielleicht nehmen wir uns Menschen aus der jüngeren Geschichte oder gar Zeitgenossen zum Vorbild. Was die Werte betrifft, gibt es auch weltliche Beispiele. Solche Männer und Frauen voller Rechtschaffenheit, Mut und Weitblick sind nur deshalb »weltlich«, weil sie nicht unbedingt in einer religiösen Tradition stehen. Wenn wir uns aber genauer ansehen, wie sie in ihrem Leben für Gerechtigkeit, Hoffnung und Nächstenliebe eintreten, entdecken wir, daß auch sie spirituelle Vorbilder sind.

Wir haben über die Grenzen und Möglichkeiten der Veränderung während des Alterns nachgedacht und gehen nun in die Meditation. Wenn wir uns an unserem speziellen Platz still niedergelassen haben, beginnen wir mit ein paar Atemübungen. Wir bereiten uns auf einen meditativen, geistigen Dialog mit einem von uns gewählten Helden vor und bedenken, daß jedes dieser Vorbilder sich den Herausforderungen in der Lebensmitte und unter Umständen auch im Alter stellte. Ihr Werdegang hin zu einem tieferen Eindringen in den Sinn und zur Verwirklichung der Ideale führte durch die Zweifel, über die Hindernisse, die auch uns bevorstehen. Sie gingen manchmal im Kreis und in die Irre. Beharrlich und unermüdlich bewegten sie sich hinauf auf die höheren Ebenen menschlichen Bewußtseins und Zusammenwirkens. Denken Sie auch daran, daß die Vorbilder nicht in jeder Hinsicht vollkommen sein müssen, um uns durch die Veränderungen auf der Reise ins Alter führen zu können.

Wählen Sie einen Menschen, der für Sie durch seine Suche nach Werten und Sinn vorbildlich ist. Es kann ein Mann oder eine Frau aus der Geschichte oder der Gegenwart sein. Führen Sie sich Ihr Vorbild so deutlich wie möglich vor Augen. Beobachten Sie, wie die verehrte Gestalt aussieht und spricht, wie sie sich bewegt. Sie möchten nun von ihr erfahren, wie Sie sich verändern können, damit Ihre Möglichkeiten Wirklichkeit werden. Stellen Sie sich vor, Sie sitzen sich beide in einem stillen, schönen Garten gegenüber. Die bewunderungswürdige Gestalt begrüßt Sie sanft mit Ihrem Namen und fragt, womit sie Ihnen dienen kann. Halten Sie einige Augenblicke inne, fühlen Sie sich wohl mit Ihrem imaginären Gast und entscheiden Sie sich, welche Fragen Sie zum Thema Sinn- und Wertvorstellungen haben.

Vielleicht möchten Sie zunächst fragen, wie Ihr Führer zu einer stark motivierenden Lebensphilosophie kam. Die Antworten würden Sie bestimmt veranlassen, sich die Erlebnisse dieses Menschen zu vergegenwärtigen. Sein Verständnis der Sinnzusammenhänge erwuchs aus den Begegnungen mit anderen Menschen, aus den Ereignissen und der Meditation, dem Nachdenken darüber. Lassen Sie Ihre Phantasie und Erfahrung die Lücken schließen, die sich in Ihrem Wissen über Ihr Vorbild befinden. Hören Sie nun, wie Ihr innerer Besucher über einige wichtige Erlebnisse berichtet. Sie lauschen den Antworten und ordnen Sie der Kindheit und Jugend, der Lebensmitte und dem Alter der Gestalt zu. Lassen Sie sich Zeit und wiederholen Sie die Schlüsselworte des Gesprächs, die für die Meilensteine auf dem Weg zu einem tieferen Verständnis des Sinns stehen. Es genügt vielleicht, wenn Sie sich wie ein Mantra bestimmte Namen, Ereignisse, Bewegungen wiederholen, die Ihren spirituellen Mentor tief beeinflußten. Blei-

ben Sie bei dieser Übung geistigen Aufnehmens: die Erfahrungen der Gestalt fließen in Ihr größer werdendes Netz der Sinnzusammenhänge ein.
Nach dem Verweilen bei der Lebensphilosophie Ihres Gastes möchten Sie sich mit ihm oder ihr die wesentlichen Tugenden oder Werte ansehen, die in ihrer gelebten Form eine Ausweitung des Horizontes ermöglichten. Rufen Sie sich die Szenen vor Ihr geistiges Auge, die das vorbildliche Handeln der Gestalt zeigen. Vielleicht fallen Ihnen Beispiele für ihren Mut, ihre Einfühlungsgabe, ihr Mitgefühl ein. Sehen Sie, wie sich Ihr Vorbild in kritischen Situationen verhält, wie es sich treu bleibt und die Achtung nicht verliert. Ihr Held bemüht sich nach Kräften, die Würde der Gegenspieler nicht zu verletzen und die Gefährten aufzumuntern. Sehen Sie, wie er oder sie mit körperlichem und seelischem Leid umgeht. Sie bemerken vielleicht, daß er oder sie sich nicht zornig wehrt, wenn das Ich scheinbar angegriffen wird. Oder Sie sehen den Anflug von Humor in der Reaktion auf körperliche Schwächen. Bleiben Sie eine Weile bei den Szenen, die sich vor Ihnen entfalten und die Wertmaßstäbe verdeutlichen.
Zum Abschluß reichen Sie Ihrem Mentor beide Hände und fassen seine ausgestreckten Hände. Sie öffnen sich einfach ohne Worte oder neue Bilder und lassen den Geist des Ratgebers ruhig in sich einströmen. Dankbar erleben Sie, wie sich dieser Geist von Sinn und Wert Ihnen anpaßt, während Sie im Prozeß des Alterns größerer Weisheit und Liebe entgegenwachsen.

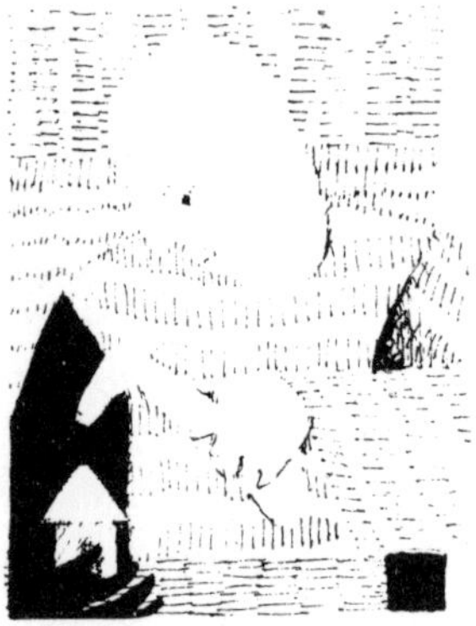

23 Die Arbeit umwandeln

Unsere Haltung zur Arbeit wirkt sich stark auf die Reise aus, die uns zur Verwirklichung unserer Möglichkeiten im Altersprozeß führt. Die Leute verbringen einen beträchtlichen Teil ihres Lebens am Arbeitsplatz – die besten Stunden des Tages, von Montag bis Freitag, fünfzig Jahre lang. Für viele ist die Arbeit das Element, das die Formung der Ich-Identität am meisten beeinflußt. Manche tun ihre Arbeit vielleicht nicht gern, aber ihr Selbstverständnis stützt sich doch in der Hauptsache auf ihren Beruf. Moderne Untersuchungen zeigen, daß die Unzufriedenheit mit der Arbeit weit verbreitet ist. Die Arbeiter am unteren Ende der Leiter beklagen sich oft über Langeweile, geringes Ansehen, Würdelosigkeit, schlechte Bezahlung und Bedingungen und die Aussicht auf eine trübe Zukunft in der ewig gleichen Beschäftigung. Viele wünschen sich, sie könnten ihren Lebensunterhalt auf eine andere Weise verdienen, doch Alter, fehlende Entscheidungsfreiheit, Selbstzweifel und Angst vor Arbeitslosigkeit veranlassen sie, sich Tag für Tag in stiller, manchmal verzweifelter Resignation weiter abzuplagen.

Auf den höheren Ebenen unserer Leistungsgesellschaft sind die Leute noch eher geneigt, ihren Selbstwert und die gesellschaftliche Stellung mit dem beruflichen Erfolg gleichzusetzen. Doch auch hier herrscht große Unzufriedenheit. Scheinbar erfolgreiche Menschen sind unglücklich mit ihrer Arbeit. Wenn sie bestimmte berufliche Ziele erreicht haben und auf frühere Erwartungen zurückblicken, sind sie möglicherweise enttäuscht. Sie entdecken, daß sie sich immer mehr abhetzen, um in einem Wettbewerb mitzuhalten, an dem sie insgeheim das Interesse längst verloren haben. Dieser Zustand, der so vielen vertraut ist, führt zu einer leicht schizophrenen inneren Spaltung: ihnen scheint zu gefallen, was so große Anforderungen an sie stellt, während sie in den tieferen Schichten ihrer Persönlichkeit die Arbeit nicht ausstehen können. Die Angehörigen der gebildeteren Schichten, die offenkundig weniger erfolgreich sind, sehen sich zunehmend als Versager. Sie kommen sich in den eigenen Augen und mit den Maßstäben einer Gesellschaft gemessen, die auf die Macht des Geldes setzt, psychisch wertlos vor. An ihrem Arbeitsplatz sind sie teilnahmslos und verlassen sich nur noch auf die Routine. Die Beschäftigung mit den wahren Interessen muß in die knappe Zeit gezwängt werden, die der Job übrigläßt. Der offene oder heimliche Streß, den diese alltäglichen Zustände erzeugen, wirkt sich negativ auf das geistige und körperliche Wohlbefinden aus.

Die wachsende Unzufriedenheit mit einem Leben, das mit solcher Arbeit gleichgesetzt wird, kommt in den erschreckenden Statistiken zum Ausdruck, die zeigen, daß ein Viertel der Selbstmorde in den Vereinigten Staaten von weißen Männern über fünfundsechzig begangen wird. Und diese Zahlen sind nur die Spitze eines Eisberges von Niedergeschlagenheit im Alter, die mit dem Beruf zu tun hat. Manche Menschen blicken auf ihre Laufbahn zurück und sehen nichts als Versagen, weil ihnen Mut oder Möglichkeiten fehlten, echte Wünsche zu verwirklichen. Andere haben ihren Selbstwert so sehr aus einer Rolle im Beruf gezogen (wirklich selbstgewählt oder auch nicht), daß sie sich im Ruhestand nutzlos wie altes Eisen fühlen. Ein bei uns bekannter Satz lautet »du bist, was du ißt«, aber noch stärker gilt »du bist, was du tust« (im Bereich der Arbeit). Die erste Gruppe der selbsternannten Versager zeigt uns, wie wichtig es ist, schon früh im Leben zu prüfen, wie unsere Arbeit beschaffen ist und ob sie zu uns paßt. Wir sollten uns auch veranlaßt sehen, nach Wegen zu suchen, die zu einer Wandlung unserer Einstellung zur Arbeit führen, ganz gleich, wie sie aussehen mag. Die zweite Gruppe, die ihr ganzes

Selbstwertgefühl mit der gesellschaftlichen Rolle verknüpft, legt uns nahe, nach einem neuen Verständnis unseres Wertes und Berufs zu suchen. Das Bild wird in unserer Zeit noch komplizierter, weil die Frauen zunehmend in die Arbeitswelt eintreten. Wie wird die jüngere Karrierefrau beim Älterwerden ihre verschiedenen Identitäten schöpferisch ins Gleichgewicht bringen? Wie kann die ältere Frau nach vielen Jahren im Haushalt auf geeignete Weise in die Arbeitswelt zurückkehren?

Welche Schritte können wir angesichts dieser Probleme tun, um unsere Arbeit in einen kreativen Prozeß umzuwandeln? Wenn wir nur unsere Zeit absitzen, auf die Uhr schauen, das Klingelzeichen abwarten, vergeuden wir einen großen Teil der besten Jahre. Oder wir erledigen unsere Aufgaben routinemäßig, ernten ein Körnchen Zufriedenheit und fragen uns nicht weiter, wie die Arbeit mit unserem Wachstum, unserer Entwicklung zusammenhängt, die uns in ein Alter der Weisheit und des Mitfühlens führen sollen. C.G. Jung ist ein Beispiel für das ideale Verhältnis von Arbeit und geistigem Wachstum. Er nannte seine gesamten psychologischen Bemühungen, die sich über ein halbes Jahrhundert erstreckten, eine Reihe von Meilensteinen auf seiner Lebensreise. Seine Entwicklung als Mensch und die Arbeit als Psychologe ergänzten sich gegenseitig. Solche idealen Umstände ergeben sich für die meisten nicht, weil ihre Arbeit nicht so beschaffen ist, weil ihre Selbstbetrachtung nicht so weit entwickelt ist, und vor allem, weil sie eine andere Einstellung zur Arbeit haben.

Selbst Jungs Haltung zu seinem Beruf verhinderte nicht, daß der Aufstieg zur persönlichen Ganzheit alles andere als glatt und störungsfrei verlief. Er wurde innerlich von heftigen Krisen heimgesucht, während äußere Ereignisse, vor allem sein Verhältnis zu Freud in der Anfangszeit, sein Selbstverständnis in bezug auf den Platz, den er in der psychologischen Bewegung einnahm, zutiefst erschütterten. Wenn wir ernsthaft geprüft haben, wie sich die Arbeit auf unser Leben auswirkt, müssen wir uns möglicherweise entschließen, andere Wege zu gehen. Wer auf dem Arbeitsmarkt großem Streß ausgesetzt ist, muß vielleicht an eine größere Veränderung denken. Der bekannte Verhaltenspsychologe B.F. Skinner schlägt in seinen jüngsten Gedanken über das kreative Altern vor, das Arbeitsmilieu zu ändern. Wenn Rücksichten auf die Familie oder andere Verpflichtungen einem größeren Wechsel im Wege stehen, kann eine neue Haltung zur Arbeit die persönliche Entwicklung begünstigen und den inneren Frieden mehren. Jung gibt uns noch einen guten Rat, wenn er uns nahelegt, eine Aufgabe, der wir nicht ausweichen können, in einem neuen Licht zu sehen. Das bedeutet nicht, vor etwas Unvermeidlichem zu resignieren. Im Gegenteil, die Wandlung, die das »neue Licht« bewirkt, macht sich in jeder Arbeit bemerkbar, auch in der, die uns befriedigt. Ältere Menschen können sich auch auf eine Beschäftigung oder Berufung vorbereiten, die ihnen mehr Spaß machen würde.

Wenn wir den Sinn unserer Arbeit verändern wollen, müssen wir nicht nur umdenken. Es geht um eine tiefere seelisch-geistige Wandlung, die vor allem in der Lebensmitte angebracht ist und unsere Einstellung gegenüber den täglichen Aufgaben nach und nach verbessern kann. Einer der wichtigsten Aspekte dieser Wandlung ist die glaubwürdige, innere Aneignung einer Haltung, die anderen Menschen ein Wachstum zugesteht. Das heißt nicht, daß wir auf unsere Freuden und den Wunsch verzichten, für unsere Arbeit belohnt zu werden. Die andere Haltung setzt allerdings neue Prioritäten. Wir messen der eigenen Befriedigung und dem Machtzuwachs, der unseren Einfluß auf andere sichert, nicht mehr soviel Gewicht bei. Wir entdecken, wieviel Freude es macht, das Wohlergehen einzelner Menschen und Gruppen zu fördern. Manche werden ihre Kräfte körperlich einsetzen und Dienstleistungen erbringen. Andere wollen einen direkteren Einfluß auf die Erziehung von Verstand und Herz der Menschen nehmen. Die neue Sichtweise setzt im Beruf an die Stelle des Wettstreits die Zusammenarbeit, was nicht unbedingt bedeutet, daß wir in allem eine Übereinstimmung herbeiführen müssen oder uns unterwerfen. Der Geist der Zusammenarbeit verlangt gelegentlich, daß wir uns gegen die Ansichten der Mehrheit wenden, mit persönlichem Risiko ein Programm oder einen Menschen ablehnen. Die Arbeit bietet uns zunehmend die Gelegenheit, mehr zu geben als zu nehmen, zu teilen statt Dinge für uns selbst anzuhäufen. Einige werden fragen, ob die spirituelle Umkehr des Herzens wirklich möglich ist, da wir Menschen doch dazu neigen, eigennützig zu handeln. Andere werden meinen, wir würden uns etwas vormachen und die elementare menschliche Gier bloß rechtfertigen und bemänteln.

Und doch ist dieser anregende Geist, der unsere Arbeit und ganz allgemein das Leben verändert, möglich und echt und obendrein wesentlich für die einzelnen und die Gesellschaft. In unserer habsüchtigen Kultur herrscht die Ansicht vor, die Menschen würden aus Eigennutz und nicht aus Selbstlosigkeit handeln. Natürlich erwarten wir, daß sich unsere Mühen lohnen. Der Selbstlosigkeit als einem befriedigenden Motiv wird auf dem Arbeitsmarkt zu wenig Aufmerksamkeit geschenkt. Man kann mit Recht behaupten, der Eigennutz sei im Hinblick auf unsere Unsicherheit und den Wunsch nach Wertschätzung natürlich, aber wir können die Selbstlosigkeit als ebenso natürlich sehen. Im Tierreich finden wir eine Art instinktive Selbstlosigkeit, wenn Delphine sich in Gefahr helfen. In der Natur sehen wir viele Beispiele für gegenseitige Hilfe, vom Zusammenwirken der Kleinstorganismen bis hin zu den komplexen Ritualen der Primaten. Wenn Buddha auf die tiefe wechselseitige Verflochtenheit der gesamten Wirklichkeit hinweist, verkündet er damit keine uns fremde Theorie. Wenn es im Gebet des Franz von Assisi heißt, »Im Geben liegt unser Empfangen«, so spricht er eine große menschliche Wahrheit aus. Die Umwandlung unserer Arbeit in eine selbstlose Zusammenarbeit ist nötig, damit ein Gegengewicht zu der ungesunden Geisteshaltung geschaffen wird, die den Arbeitsplatz als Kampfbahn sieht, auf der sich der Eigennutz zügellos austoben kann. Körperliche und geistige Gesundheit des einzelnen und der Gruppe hängen weitgehend davon ab, daß Streß und Zerrissenheit abgebaut werden, die in einem Arbeitsklima entstehen, in dem der Große den Kleinen frißt. Eine Haltung, die andere unterstützen will, ist der Schlüssel zum kreativen Altern, in der Lebensmitte wie in den späten Jahren.

Sie bereiten sich durch Atemübungen vor, in Ihre Mitte zu gehen und zu meditieren, und bedenken dabei, wie sehr die einfachsten Lebensregungen miteinander verwoben sind und sich ergänzen. Betrachten Sie den Arbeitsplatz Ihres körperlich-geistigen Organismus, von dem wir gar nicht mehr wissen, was wir an ihm haben. Die lebenserhaltenden Systeme arbeiten zum Besten des Ganzen zusammen. Die Lungen holen sich aus der Außenwelt der Natur den Sauerstoff, der das Blut kräftigt. Ihr Herz pumpt das frische Blut durch die Arterien, damit die Körperzellen verpflegt werden. Das komplizierte Nervensystem arbeitet wie ein wunderbarer Computer, aktiviert und reguliert die vielen vernetzten Untersysteme, deren Funktionen im Einklang miteinander sind. Diese Harmonie ist wirklich natürlicher als die auf Konkurrenzdenken aufgebauten, Streß schaffenden, voneinander isolierten Einrichtungen, die typisch für unsere Zivilisation sind. Wenn wir unsere natürlichen Rhythmen betrachten, sehen wir, wie wertvoll Zusammenarbeit und Selbstlosigkeit für unsere Arbeitswelt sind. Wenn wir älter werden, wollen wir die schädlichen Verhaltensweisen in Frage stellen, die uns hindern, aus unserer Arbeit etwas Schöpferisches, Kraftvolles zu machen, das uns und der Gesellschaft hilft. Als erstes werfen wir einen prüfenden, verständnisvollen Blick auf den gewöhnlichen Ablauf eines Arbeitstages. Schauen Sie, ob es die Arbeit selbst ist, die Sie hemmt, ob es die Mitarbeiter sind, oder die Art und Weise, wie Sie an die Arbeit herangehen und sie planen. Haben Sie und die anderen das Gefühl, Sie leisten wertvolle Arbeit? Werden Sie von den Kollegen behindert? Filtern Sie das eigentliche Problem heraus und fragen Sie sich, ob es eine Lösung gibt. Die Antworten auf diese Fragen können nicht von außen kommen. Sie werden allmählich aus den stillen Tiefen der Meditation aufsteigen. Wie gehen Sie an die Arbeit heran, und inwieweit ist das für Sie mit unnötigem Streß verbunden, der Ihnen die Freude nimmt? Dieser Aspekt ist vielleicht der wichtigste. Sehen Sie vor Ihrem geistigen Auge, wie Sie sich morgens zuhause vorbereiten, um zur Arbeit zu gehen. Was fühlen und erwarten Sie gewöhnlich? Wie sehen Sie die täglichen Pflichten, die auf Sie zukommen? Sind Sie stolz, freuen Sie sich, eine schwierige Aufgabe gut lösen zu können? Denken Sie daran, das Ziel dieser Prüfung besteht nicht darin, sich Schuldgefühle aufzuladen. Wir wollen vielmehr so, wie wir die verbrauchte Luft ausatmen, Hindernisse loslassen, die unsere Freude und Kreativität hemmen. Stellen Sie sich direkt vor, wie der Prozeß des Loslassens allmählich die negativen Elemente Ihrer Haltung zur Arbeit ausräumt.

Zum Abschluß der Meditation kehren Sie zu Ihrem Mantra zurück. Sie wiederholen langsam diesen heilenden Klang, der in die Mitte führt, und lassen ihn die Bilder aus Ihrer Arbeitswelt umhüllen und in sie einfließen. Lassen Sie vor Ihrem geistigen Auge, in Ihrer Erinnerung, die Menschen, Ereignisse und Orte erscheinen, die mit Ihrem Beruf verbunden sind. Bei jedem Szenenwechsel füllt der Klang des Mantras das Bild. Manche Bilder werden die negativen Gefühle hervorrufen, die Sie aus Gewohnheit mit ihnen verknüpfen. Wenn Sie aber die schwierigen Szenen mit dem Lied Ihres Mantras einhüllen, gestatten Sie den Energien der Wandlung, Ihre Sicht der Dinge zu ändern. Es kann sein, daß Sie neue Möglichkeiten des Wachstums in einer Situation entdecken, die Ihnen bis jetzt nur als Sackgasse erschienen war. Oder das Erlebnis des Mantras verleiht Ihnen den Mut und die Energie, eine Arbeit aufzugeben, die Sie nur erschöpft. Sie suchen sich dann eine lohnendere Aufgabe. Wenn Sie schon im Ruhestand sind, kann Sie die Mantra/Arbeit-Übung veranlassen, nach neuen, kreativen Wegen Ausschau zu halten, wie Sie den anderen mit Ihren Gaben dienen können.

Als gläubige Menschen begreifen wir, daß unsere Arbeit in der Welt teilhat an den göttlichen Energien. Gott wirkt in und durch uns, um gerechte und friedfertige Gemeinschaften aufzubauen, in denen die Menschen ihre Möglichkeiten entfalten können und dabei das Ökosystem unseres Planeten achten und schützen. Vielleicht sehen wir nicht, was die Zusammenarbeit von Gott und Menschen bewirkt, doch gelegentlich ahnen wir, wie sich unsere kleinen Bemühungen in etwas Größeres verwandeln, das wir nie für möglich gehalten hätten.

24 Friedenstiften im Alter

Daß wir in einer schrecklich gewalttätigen Zeit leben, braucht kaum einen Beweis. Wenn wir uns eine größere Tageszeitung eine Woche lang ansehen, zeigt sich uns das ganze Ausmaß menschlicher Zerstörungswut. Gewalt ist für uns nicht Durchsetzungsfähigkeit und Aggression, die gelegentlich nötig sind. Unter Gewalt verstehen wir das gesamte Spektrum destruktiven Verhaltens, von Mißhandlungen in der Familie und Selbstmord, bis hin zu Terrorismus und Krieg. Die Gewalt äußert sich auf der körperlichen und seelischen Ebene, im privaten Bereich wie in der Gesellschaft, offen in Verbrechen und versteckt im Unrecht, das Institutionen und Strukturen mit sich bringen. Was hat das alles mit dem Altern zu tun? In religiöser Hinsicht sehr viel. Betrachten Sie den idealen Lebensweg mit seinem Wachstum, wie ihn Christentum und Buddhismus auffassen. Keine der beiden spirituellen Bewegungen empfiehlt uns einen Weg in ein Alter, das materiellen Reichtum und Macht braucht und seine persönlichen engen Interessen schützen oder ausweiten will. Wenn wir an den Geist der Bergpredigt denken, sehen wir alte Menschen vor uns, die im Sinne des Evangeliums durch die Umkehr des Herzens gegangen sind, deren Denken sich gewandelt hat, und die sich auf allen

Ebenen dafür einsetzen, Feindseligkeiten zu überwinden. Selig sind die Friedfertigen. Im Mahayana-Buddhismus symbolisiert der Bodhisattva den erleuchteten Menschen, der das Eingehen ins vollständige Nirvana aufschiebt, um das Leid aller Wesen auf sich zu nehmen, weil er sich tief mit ihnen verbunden weiß. Beide Ideale sehen in der Friedfertigkeit ein wesentliches Ziel unseres Lebensweges.

Bevor wir uns in der Meditation diesem Ideal zuwenden, wollen wir uns eingehender mit den Wurzeln der Gewalt in der menschlichen Seele befassen. Die Gründe für die Zerstörungswut sind zwar vielfältig und komplex, können aber unter zwei Hauptgesichtspunkten betrachtet werden: es gibt innere und äußere Gründe. Wir sind als Kinder verunsichert worden und erleben die Welt als mehr oder weniger gefährlich. Bevor wir noch bewußt nachdenken, reagieren wir feindselig auf Angriffe, die unseren Selbstwert oder unser Leben scheinbar bedrohen. Auf das »scheinbar« kommt es an. Wenn wir uns durch Menschen oder Ereignisse so bedroht fühlen, daß unsere Ich-Identität scheinbar in Gefahr ist, herabgesetzt oder zerstört zu werden, wollen wir uns schützen und schlagen auf vielfältige Weise zu. Diese Abwehrhaltung ist zum Teil ganz natürlich. Doch viele der automatischen Verhaltensweisen, die das Selbstwertgefühl schützen sollen, wirken sich überall verheerend aus.

Soziales Lernen und eine ungerechte Gesellschaft verstärken weiter unseren Hang zu zerstörerischem Verhalten. Die inneren und äußeren Ursachen der Gewalt schaukeln sich gegenseitig auf. Wir lernen, auf spürbare Bedrohungen und Ängste destruktiv zu reagieren, weil wir ein bestimmtes Verhalten in unserer sozialen Umwelt nachahmen. Gewalttätiges Vorgehen, ob nun offen oder versteckt, wird anscheinend belohnt und verschafft Befriedigung. Zu diesem persönlichen und kulturellen Muster der Zerstörungswut kommen noch Unterdrückung und Ungerechtigkeit hinzu, die wir in der Politik, der Wirtschaft, den Beziehungen der Rassen sehen. Die Mischung dieser Elemente ist äußerst explosiv: wir können zu wandelnden Zeitbomben werden und uns selbst und anderen schaden wollen.

Wir können dieses Thema natürlich sehr nuanciert und differenziert betrachten. Fragen Sie sich aber, wann Sie am stärksten zu Wut oder gewalttätigem Verhalten neigen. Ist das nicht dann der Fall, wenn Sie Ihr Selbstwertgefühl oder Ihr Leben bedroht und herabgesetzt sehen? Oder Sie fühlen sich persönlich herabgewürdigt, weil Sie sich mit unterdrückten Minderheiten solidarisch erklären. Wir können mit gutem Recht behaupten, daß die Menschen gewalttätig handeln, weil sie sich materiellen Besitz, Macht über andere und Ruhm erwerben wollen, der das Ich erhöht. Es bleibt jedoch zu fragen, warum sich gewalttätige Menschen diese Dinge oder Resultate wünschen. Wollen sie sich nicht letztendlich davor schützen, daß ihre innere Sicherheit in Gefahr gerät? Und wiederholen sie, von außen betrachtet, nicht das Verhalten, das sie sozial gelernt haben?
Lebensmitte und Alter sind eine besonders günstige Zeit, nach innen zu blicken und den Ursachen unserer Neigung zur Gewalt nachzugehen. Wie haben lang genug gelebt und können die selbstgerechten Erklärungen nicht mehr gelten lassen, die unser finsteres, schädliches Verhalten beschönigen. Wir sind reif genug, um unsere Destruktivität nicht mehr ausschließlich den Eltern oder der bösen Gesellschaft anzulasten. Kurzum, wir sind als alternde Menschen bereit, in eigener Verantwortung die inneren Mechanismen der Gewalt zu erforschen und abzustellen. Dieser erste Schritt einer inneren Prüfung ist wesentlich für jene, die sich der Herausforderung, im Alter zu Friedenstiftern zu werden, richtig stellen wollen. Wenn wir die eigenen destruktiven Verhaltensmuster nicht direkt erkennen, werden wir die Gewalttätigkeit der anderen nie verstehen. Wir können uns dann nicht zu Menschen entwickeln, die beispielhaft Konflikte lösen. Wir können auch gute Bücher zu Rate ziehen, die sich mit den psychologischen Aspekten destruktiven Verhaltens befassen. Einzel- oder Gruppentherapie wird das aus Büchern Gelernte vertiefen. In der Therapie wird uns auf lebendige, unvergeßliche Weise deutlich, wie unsere Vorstellungen über Ärger und Gewalt konkret von den frühen Erfahrungen in der Familie geprägt sind. Hier können uns auch die Traumprotokolle und Tagebücher helfen. Träume spiegeln zum Beispiel häufig innere

Konfliktsituationen, in denen sich die emotionalen Abläufe immer wiederholen. Diese Szenen weisen uns oft auf bedeutsame Weise den Weg zu Entdeckungen in unserem Inneren.

Alternde Menschen, die die stillen und explosiven Formen der Gewalttätigkeit persönlich verstehen wollen, müssen ihr Leben zuhause und im Beruf hinterfragen. Die Menschen, die uns emotional nahestehen, die uns ohne Masken kennen, sind vor allem die Katalysatoren, die unsere schlimmsten Seiten zum Vorschein bringen können. Ganz gleich, wie sehr wir uns in Theorien über ein Wachstum hin zum Geist des Friedens und der Aussöhnung ergehen, am deutlichsten zeigt sich unser Fortschritt in der Feuerprobe der Beziehungen zuhause. In der Lebensmitte sind wir möglicherweise bereit, einen ernsthaften Dialog über unsere Familienangelegenheiten aufzunehmen. Vielleicht zeigen uns fehlgeschlagene Beziehungen, wie nötig der Dialog ist. Oder Fünfundvierzigjährige werden motiviert, das Netz ihrer Beziehungen kritisch zu betrachten, weil sie sehen, wie unfruchtbar das negative Spiel mit den Ehepartnern oder Kindern schon längst geworden ist. Ältere Menschen wissen das vielleicht so gut und sind so gefestigt in ihrer Ich-Identität, daß sie es riskieren können, ihre Verletzbarkeit zu zeigen und verantwortlich zu ihr zu stehen. Dieser Austausch, der größere Achtung und Frieden zum Ziel hat, führt natürlich nur zum Erfolg, wenn alle Beteiligten ihn wollen. Aber auch wenn nur ein Partner Licht in diese Dinge bringen möchte, können sich Verständnis und Verhalten schon wandeln. Wenn wir auf das Alter zugehen, werden Familie und Arbeitsplatz zu den eigentlich wichtigen Orten, wo wir uns zu Friedenstiftern entwickeln. Schließlich begegnen wir dort den anderen ganz konkret und können zeigen, wie ein Konflikt gelöst und friedlich miteinander umgegangen werden kann.

Das Wort »Frieden« muß kurz umrissen werden, wenn wir über einen dritten Bereich nachdenken, in dem wir Frieden schaffen können, die Gesellschaft. Frieden wird häufig als ein ruhiger Zustand ohne jede Bewegung gesehen. Im »Frieden«, wie er allgemein gern verstanden wird, scheint nichts zu geschehen.

Oder er bezeichnet einfach negativ einen Zustand, in dem kein Krieg herrscht. Einige dieser Aspekte gehören zum Frieden, aber wenn wir ihn richtig verstehen wollen, müssen wir auch noch andere berücksichtigen. Der Frieden im Sinne von *Shalom* bedeutet dynamische Wechselbeziehungen auf der persönlichen und gesellschaftlichen Ebene. In einer friedlichen Situation können wir auch Konflikte, Meinungsverschiedenheiten und deutliche Gefühlsäußerungen finden. Zum Frieden gehört vor allem eine Rechtspflege, die die Menschenrechte, die Menschenwürde respektiert. Gerade in dieser Hinsicht können ältere Menschen Frieden stiften. Wir erwarten nicht, daß die Welt ein gemütlicher Ort ohne Herausforderungen oder Gefahren ist. Doch die älteren Menschen, die sich mit ihren Ängsten und Bedrohungen befreundet haben, sind in der Lage, wirkliche Gefahren zu erkennen, die dem Frieden einer Gesellschaft schaden können. Wir sehen schon lange die gesellschaftlichen Ungerechtigkeiten und Benachteiligungen und wissen, wie gefährdet das zukünftige Wohlergehen der Menschheit ist. Wir sehen, wie in der Kindheit so vieler Menschen durch gefühlsmäßige, körperliche und geistige Brutalisierung der Grund für spätere kriminelle und sonstige Gewalttätigkeit gelegt wird. Zuhause und im Ausland bemerken wir voll Mitgefühl und Mißfallen, wie lächerlich, wie unpassend großer Reichtum angesichts großer Armut wirkt. Unser Blick schärft sich für die Schattenseiten der Gesellschaft, die durch religiöse, völkische und nationalistische Feindschaften noch verstärkt werden. In diesem Bereich tatsächlicher und latenter Gewalt können wir uns ganz konkret für *Shalom* engagieren. Einfache Lösungen oder großartige Gesten stiften keinen Frieden. Vielmehr werden sich ältere Menschen zusammentun, die den inneren Frieden ein wenig kennen, und *Shalom* dort pflegen, wo es wirklich nötig ist.

Wir gehen in die Meditation über das Friedenstiften, setzen uns wie gewohnt still hin und machen Atemübungen. Beim Einatmen fühlen wir die Luft als beruhigendes, stärkendes Element nach innen strömen. Friedenstifter schlagen Brücken, und das Atmen errichtet ebenfalls eine Brücke zwischen unserem einzigartigen Selbst und der gesamten äußeren Welt. In diesem Sinn ist das Atmen ein Dialog; die Natur ist der Partner, der von außen geholt wird, um das innere Ich zufriedenzustellen und es in seiner Einheit zu erhalten. Wir bleiben mit der Aufmerksamkeit beim Atmen und betrachten unseren ersten Punkt: mit sich selbst in Frieden leben. Als alternde Menschen wissen wir aus Erfahrung, daß unsere Werke, Ruhm, Macht und Reichtum keinen inneren Frieden bringen. Sie zeigen uns nicht, wie wir unser wahres Ich annehmen und lieben können. Hier sind wir zudem am entscheidenden Punkt, der uns verstehen läßt, warum wir zur Destruktivität neigen. Wir lieben uns selbst zu wenig, leben nicht im Frieden mit uns selbst, und so schlagen wir leicht in Gedanken, verbal und auch körperlich auf das ein, was uns kleiner zu machen droht. Die Gewalt entspringt zu einem großen Teil Seelen, die im Unfrieden leben. Beim Ausatmen lassen Sie alles, was Ihre Persönlichkeit in der Tiefe bedroht, aus sich herausströmen. Wenn Sie neuen Atem holen, stellen Sie sich vor, daß die frische Luft den vielen Aspekten Ihres eigenen Wertes Leben einhaucht. Wenn die eingeatmete Luft Ihre Lungen füllt und mit dem Blutstrom in Ihren Körper getragen wird, lassen Sie zu, daß sie Denken, Körper, Fühlen und Geist mit Ihren einzigartigen Eigenschaften stärken hilft. Sie alle sind göttliche Gaben, die Ihnen gehören, ganz gleich, wie die Gesellschaft über Sie urteilt. Schließen Sie Frieden mit dem, was Sie sind, mit Ihren Werten, und Sie müssen sich nicht mehr bedroht fühlen. Sie brauchen weder gewalttätig anzugreifen, noch müssen Sie sich verteidigen. Mit festem Selbstwertgefühl bewegen Sie sich auf ein Alter zu, das Frieden stiftet.
Holen Sie nun sacht die Menschen in Ihren Atemkreis, die Ihnen am nächsten stehen, wahrscheinlich Ehepartner, Kinder und gute Freunde. Betrachten Sie sie der Reihe nach mit Ihrem geistigen Auge. Sie alle sind einzigartige, liebenswerte Wesen mit Bedürf-

nissen und Wünschen. Die meisten unserer zornigen oder gar gewalttätigen Gefühle gegen sie entstehen, weil wir uns durch sie bedroht sehen, weil sie uns kleiner zu machen scheinen, oder weil wir noch nicht gelernt haben, sie als wahrhaft andersartige Menschen anzunehmen. Natürlich sind wir in gewisser Weise verpflichtet, Kindern Grenzen zu setzen, sie zu beraten und anzuleiten. Und wir müssen auch Wege finden, mit geliebten erwachsenen Menschen aufrichtig und freundschaftlich umzugehen. Psychische wie physische Gewalttätigkeit zuhause kann größtenteils abgebaut werden, wenn uns zwei Punkte bewußt sind: uns kann eigentlich nichts bedrohen, und wir werden den anderen wirklich ihr Anderssein zugestehen. Wenn wir dies erreichen, spricht es für große Reife. Wir dürfen allerdings nicht den Mut sinken lassen, wenn es uns nicht gleich über Nacht gelingt. Alte Gefühls- und Kommunikationsstrukturen sind nicht leicht zu ändern. Wenn wir uns aber selbst lieben können, uns nicht so schnell herabgesetzt fühlen und die Individualität der anderen respektieren, werden wir nicht so rasch destruktiv reagieren. Unsere engen Beziehungen und Freundschaften sind die beste Schule, um zu Friedenstiftern zu werden. Entschließen Sie sich in dieser Meditation, daß der Geist der Selbstachtung und der Respekt vor den anderen Kennzeichen Ihres Altersprozesses sein werden. Je mehr Sie diesen Geist stärken können, desto fähiger werden Sie zur aufrichtigen und aufmerksamen Kommunikation sein.

Schließlich stellen Sie sich vor, daß Sie Ihren häuslichen Kreis, in dem Sie Frieden stiften, verlassen und sich den Konflikten und der Gewalt in der Welt stellen. Sie wissen, daß die Gründe dieser Destruktivität sehr viel komplexer als die der Gewalt zuhause sind. Der eigentliche Geist des Friedenstiftens läßt sich aber auf die größeren Probleme übertragen. Betrachten Sie aufmerksam einen Bereich gesellschaftlicher Zerstörungswut mit seinen typischen Szenen. Dort geht freilich viel Gewalt auf die Ungerechtigkeit zurück, die Teil der Gesellschaftsstruktur und ihrer Institutionen geworden ist. Aus diesem Grund sind andere Gegenmittel angezeigt. Die Ursachen dieser Probleme haben jedoch auch etwas damit zu tun, wie wir uns und andere annehmen können.

Wenn wir uns durch die Denk- und Handlungsweisen der anderen Völker weniger bedroht fühlen würden, wenn wir mehr Vertrauen in unsere besten Werte hätten, wären wir nicht so versessen darauf, unsere Waffen, dieses gräßliche Gewaltarsenal, zu vergrößern oder einzusetzen.

Zum Abschluß der Meditation sehen Sie sich vor einer Welt stehen, die voller Gewalt ist. Neben Ihnen erscheint eine freundliche, verständnisvolle, würdige Gestalt, das Idealbild des weisen alten Menschen. Sie begreifen, daß die Gestalt zum Teil Ihre eigenen Möglichkeiten im Alter versinnbildlicht. Der alte Mensch fordert Sie auf, das Friedenstiften als höchstes Ziel Ihrer Reise ins Alter zu sehen und anzunehmen. Sie beenden die Meditation im langsamen Rhythmus Ihres Atmens und wiederholen lcise wie ein Mantra: »Ein Alter, das Frieden stiftet«.